LA SULTANE

ROZRÉA

BIBLIOTHÈQUE LIBRE

OU COLLECTION CHOISIE D'OUVRAGES ET DE PIÈCES DU GENRE LIBRE, IMPRIMÉS OU RÉIMPRIMÉS PAR LES SOINS DE LA
Société des Bibliophiles Cosmopolites
ET POUR LES MEMBRES DE CETTE SOCIÉTÉ,
A CENT EXEMPLAIRES NUMÉROTÉS

TIRAGE EXTRAORDINAIRE

A CENT EXEMPLAIRES

—

N° *128.*

LA
SULTANE ROZRÉA
BADINGUETTE

ET AUTRES

CHANSONS CONTEMPORAINES

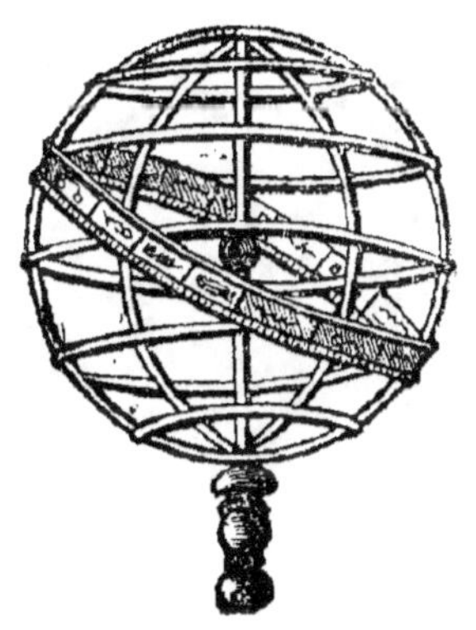

IMPRIMÉ PAR LES PRESSES DE LA SOCIÉTÉ

A STRASBOURG

1871

L'IMPRIMEUR

AUX LECTEURS

*Lorsque Milord, earl of D***, a bien voulu nous confier l'honorable mission de faire les impressions de la Société Cosmopolite des Bibliophiles, nous ne nous attendions pas à l'honneur d'être en même temps un peu auteur, ou du moins d'avoir l'occasion d'adresser une préface au public. Or, voici simplement ce qui est arrivé. Milord nous a apporté les copies de la chanson de Badinguette et de celle de la* Societé des Emiles, *deux chansons que nous avons pris la liberté de rétablir dans leur texte original. Nous connaissions ces chansons depuis longtemps, mais Milord les avait prises d'un journal belge, qui les avait un peu estropiées. Ces incorrections arrivent pour tout ce qui court longtemps en manuscrit avant d'être imprimé; témoin les chansons de Jean Baptiste Rousseau, la* Pucelle *de Voltaire, etc., etc.*

Milord avait une raison de haute convenance pour ne pas écrire lui-même cette préface; il s'était rencontré dans le monde avec quelques-unes des personnes nommées dans les deux chansons citées plus haut; et comme nous nous n'avons pas eu cet honneur, nous n'avions pas de raison pour refuser de la faire. Du reste, Milord, qui est très-philosophe, n'aurait guère dit, que ce que nous allons répéter ici. C'est que ces sortes de jeux d'esprit, comme il y en a eu dans tous les temps, n'ont pas d'importance; qu'ils n'ont d'autre importance que celle que les personnes satirisées veulent bien leur donner elles-mêmes. Si elles en rient, comme faisaient le cardinal Mazarin, le cardinal Dubois, le Régent, le duc de Richelieu, la Pompadour, la Dubarry et toutes nos princesses de théâtre, tout se passera en risée; mais s'ils se fâchent tout rouge et, pour un bon mot, veulent quatre onces de chair, il est clair que la risée finira bientôt par se transformer en haine.

Quant aux autres babioles qui n'attaquent personne, aux simples polissonneries, nous avouons naïvement que nous ne savons pas pourquoi on s'en offusquerait. — Vous me dites : Je n'aime pas les épinards! — Eh bien, ne mangez pas d'épinards, mais n'en dégoûtez pas les autres. C'est tout ce que j'ai à vous répondre.

Sur ce, je présente mes respects au public ainsi qu'à Milord.

L'Imprimeur de la Societe
des Bibliophiles Cosmopolites.

LA SULTANE ROZRÉA

BALLADE TRADUITE DE LORD BYRON

par Exupère Pinemol

Élève du petit séminaire de La Fère en Tardenois (Aisne)

——————

. . . . . . Le vent soufflait dans les orangers,
et il sentait bon.

I

— « Giaour, dit la sultane, en lui lavant à l'eau
de rose la verge qu'il avait fort belle et démesuré-
ment longue, giaour, ton gland est arrondi et
vermeil comme la coupole des mosquées au soleil
couchant ! »

Et elle le lui essuya avec l'organe de la parole.

Après les spasmes d'une jouissance sans mélange,
le maréchal des logis Corbineau se tortilla négligemment la moustache :

— « J'ai senti bien des langues dans ma vie ,
exclama-t-il, mais, c'est égal, je suis esbrouffé ! »
. . . . . Le vent soufflait dans les orangers,
et il sentait bon.

II

Le petit nègre d'Éthiopie souleva la portière de
brocart à franges d'or ; il était vêtu d'un tablier
blanc, pas plus grand que la main, et portait des
tchiboucks à bouquins d'ambre, rond et laiteux ;
d'un sachet brodé de perles, il tira le latakieh dont
les brins sont fins comme les cheveux , et roux
comme les poils du veau.

— « J'aime autant le caporal, dit le maréchal des
logis Corbineau, en se tortillant négligemment la
moustache, mais, c'est égal, je suis esbrrouffé ! ! »
. . . . . Le vent soufflait dans les orangers,
et il sentait bon.

III

La sultane Rozréa détacha de la muraille sa viole
à trois cordes, et commença de battre un refrain
lent et cadencé.

Elle chanta :

> Auprès des rivages du Phase,
> Aux pieds du sourcilleux Caucase,
> J'ai vu le jour ;
> Chaude fille de Géorgie,
> Je n'ai de goût que pour l'orgie,
> Et pour l'amour !

A peine ma toison se frise,
Je tache à peine ma chemise,
    Car j'ai quinze ans,
Et déjà, de ses lèvres fines,
Mon con serra les quinze pines
    De quinze amants !

Oui, cette imperceptible fente
Huma de semence écumante
    Plus d'un tonneau.
Mais aujourd'hui c'est toi que j'aime !
Viens ! et tu seras le seizième !
    Mon Corbineau !

— « J'aime autant la chanson de la mère Camus
dit le maréchal des logis Corbineau, en se tortillant
négligemment la moustache, mais, c'est égal, je
suis esbrrrouffé ! ! ! »

. . . . . . Le vent soufflait dans les orangers,
et il sentait bon.

IV

. . . .

— « Décousez le sac ! » dit le capitan-pacha.

On décousit le sac, et la sultane Rozréa apparut,
pâle, échevelée, et tournant vers Corbineau un œil
éteint.

— « Corbineau, murmura-t-elle, c'est toi seul
que j'aime ! ! »

— « Recousez le sac, dit le capitan-pacha, et à
l'eau ! »

. . . . Le Bosphore tournoya en cer-
cles infinis.

— « L'eau n'est pas très-froide pour la saison, dit le maréchal des logis Corbineau, en se tortillant négligemment la moustache, mais, c'est égal, je suis esbrrrrouffé ! ! ! ! »

. . . . . . Le vent soufflait dans les orangers, et il sentait bon.

V

— « Emmenez ce chien , et asseyez-le où vous savez ! » dit le capitan-pacha.

Les chefs des eunuques, Abou-Castrah et San-Kouyoku, bondirent comme des tigres vers Corbineau ; mais l'un d'eux s'étant embarrassé dans ses jupes battantes, celui-ci profita de l'occaz pour risquer un œil sous les vêtements de l'esclave. Il vit deux cuisses maigres et pelées, et quelque chose de flasque, au milieu, qui pendait.

— « J'ai vu de fiers clitoris dans ma vie, dit le maréchal des logis Corbineau, en se tortillant négligemment la moustache, mais, c'est égal, je suis esbrrrrouffé ! ! ! ! ! »

. . . . . . Le vent soufflait dans les orangers, et il sentait bon.

VI

Sur la place publique se dressait une longue tige de fer, en manière de paratonnere ; on l'aimanta de Corbineau.

Quand la pointe entra, il fit la grimace.....

Quand elle sortit, il cria : « Nom de Dieu ! » et tourna la tête pour voir.....

Eunuques et icoglans avaient disparu.

Il ne restait que le capitan-pacha, lequel se grattait le cul d'un geste ironique, et souriait jaune.

— « J'avais prêté mon anus à bien des usages, dit le maréchal des logis Corbineau, en se tortillant négligemment la moustache, mais, c'est égal, je suis esbrrrrrr..... »

Et il claqua.

.   .   .   .   .   Le vent soufflait dans les orangers, et il sentait bon.

LA BADINGUETTE

—

Amis du pouvoir,
Voulez-vous savoir
Comment Badinguette,
D'un coup de baguette,
Devint, par hasard,
Madame César?

La belle au fond de l'Espagne
          Habitait ;
Oh ! la buveuse de champagne
          Que c'était !
Quoique Badinguette eût pour père,
          A c'qu'on dit,
Presque tous les célibataires
          De Madrid,
Et que sur sa naissance on jase
          A gogo,
On l'appelait, par antiphrase,
          Montijo.
          Amis, etc.

Un jour, sa vieille maugrabine
        De maman
Lui dit : « Nous v'là dans la débine
        Bigrement.
Vrai ! ton visage se dégomme
        Tous les jours :
Faudrait songer à faire un homme
        Pour toujours.
Maint'nant que tu d'viens plus âgée.
        Nous mangeons
Beaucoup trop de vache enragée ;
        Voyageons ! »
        Amis, etc.

Voilà Badinguett' qui débarque
        A Paris,
Et Badinguet qui la remarque
        Se sent pris.
« Oh ! s'ecri'-t-il, oui, sur mon âme !
        Soyons franc,
Papa Jérôme, cette femme
        Vaut dix francs ! »
« Bah ! dit Jérôme, elle en vaut douze ;
        Savez-vous
Qu'on ne vit jamais d'Andalouse
        Au poil roux ? »
        Amis, etc.

Cependant il cherche une clause,
        Un moyen,
De l'avoir pour très-peu de chose,
        Ou pour rien.
Il s'en va trouver la duègne,
        Pas honteux,
Et les emballe pour Compiègne
        Toutes deux.
Enfin, ne pouvant plus attendre,
        Le grossier,

Au fort du bal, ose lui prendre
    Le fessier !
Amis, etc.

« Caracho, s'écria la belle,
    Saligaud !
Savez-vous bien que l'on m'appelle
    Montijo ?
Quand on a deux ou trois cents pères
    Andalous,
On vaut bien un Robert Macaire
    Comme vous.
Ne croyez pas que je me donne
    Pour six francs ;
Je veux coiffer une couronne,
    Ou... du flan ! »
    Amis, etc.

« A toi, Badinguette, mon ange,
    Mes châteaux,
Quoique tu sois bien la plus franche
    Des cataus.
Mais, puisqu'après tout, tant je t'aime,
    Entre nous,
Que mon peuple crie ou blasphème,
    Je m'en fous !
Qui fut mouchard en Angleterre,
    Et bourreau,
Peut bien, sans déroger, se faire
    Maquereau. »
    Amis, etc.

Adieu, cancan, Maison Dorée,
    Bal Musard !
La voilà l'épouse adorée
    De César,
Cependant on dit qu'ell' regrette
    Quelquefois

Les amants et sa cigarette
    D'autrefois ;
Et que l'Espagnole, trop fière
    Pour plier,
De son mouton pourrait bien faire
    Un bélier.
    Amis du pouvoir, etc.

HENRI ROCHEFORT.

ÉPIGRAMMES

« O France ! quel est ton destin :
L'enfiler était mon caprice :
N'en pouvant faire ma catin,
J'en ai fait ton impératrice. »

Montijo plus rouge que sage,
De l'empereur comble les vœux ;
Mais s'il lui trouve un pucelage,
C'est que la belle en avait deux.

Céleste Mogador, lorette de renom,
De dépit pendez-vous ! Ah ! que Théba doit rire !
Pour la première fois la belle avait dit : « Non ! »
Et ce bienheureux « Non ! » lui valut un empire !

Jadis Caligula fit son cheval consul.
D'un semblable cheval Boustrapa (1) fait l'office ;
Mais toujours très-adroit et craignant le cumul,
Il a su d'un chameau faire une impératrice.

(1) Le nom de Boustrapa, suivant M. de Gaujal, avocat général, est
formé des trois premières syllabes des mots Boulogne, Strasbourg, Paris.
(Voir le *Procès dit des correspondants de journaux* ; Bruxelles, 1852, in-8°).

Chacun son goût et sa marotte !
Les cheveux roux sont en faveur
Rien ne peut plaire au carotteur
Autant que la couleur carotte.

L'Impératrice est une rousse,
Mais sa couleur est un trésor,
Car lorsque Badinguet la trousse,
Il découvre la toison d'or.

LA SOCIÉTÉ DES ÉMILES

CHANSON DE JOACHIM DUFLOS

Nota. La Société des Émiles a eu un assez grand retentissement, et il y a peu de personnes du monde qui n'en aient entendu parler. C'est à elle que le général Trochu faisait allusion en parlant à la tribune de l'Assemblée Nationale de la corruption italienne, bien que les Italiens n'avaient jamais été pour rien dans tout cela ; mais il supposait évidemment que les coutumes de pédérastie avaient été rapportées de Rome en France par nos soldats. En 1864, depuis plusieurs années déjà, de nombreuses plaintes, adressées au Conseil supérieur de la guerre, se succédaient de la part des principaux chefs de corps en France, touchant les jeunes officiers et sous-officiers, qui étaient accusés de propager dans l'armée des habitudes de sodomie, tandis que, d'un autre côté, ils étaient soutenus par de hauts personnages. Il était évident qu'on voulait ramener les mœurs des anciens Grecs, les *frères d'armes* de leurs phalanges, comme une

3

excellente tactique. Une commission militaire dut être nommée pour s'occuper de cette affaire et faire une enquête. Comme on ne connaissait pas tous les hauts personnages qui protégeaient la *Société des Émiles*, on en arriva à des arrestations, mais on dut bientôt s'arrêter dans les poursuites.

Il y avait véritablement, au boulevard Magenta, n° 128, dit-on, le siège d'une société anonyme importante, qui prenait le nom vulgaire d'*Atelier de phoutographie* (sic), un directeur des opérations, qui était à peu près le seul personnage en évidence. Puis, un *licutenant recruteur*, connu seulement des associés et qui devait être toujours choisi parmi les employés du ministère de la guerre, commis principal au moins, était l'agent principal. Venaient les autorités de la Société :

1° Le président, M. le baron de H***, sénateur ;

2° Le vice-président (dirigeant, assisté d'un grenadier de la garde, de plusieurs enfants de chœur et de quelques ecclésiastiques, les opérations phoutographiques), M. le général de division ***, sénateur ;

3° Le conseil de surveillance composé de trois membres (plus le président et le vice-président) : marquis de *** — comte de L*** — baron de M***, secrétaire-rapporteur, et l'un des présidents de la société de Saint Vincent de Paul.

Extrait des statuts. — Les femmes sont naturellement exclues, par les statuts, de ladite société. — Toute plaisanterie obscène est interdite et peut être punie avec huit jours d'abstinence. — Les rapports infâmes avec des individus du sexe féminin sont également interdits. Il est même recommandé aux membres mariés d'éviter toute complaisance de ce genre. — Les membres formant le conseil de santé doivent visiter au moins une fois par mois la rosette de tous les membres passifs, et avec le plus grand soin. — Le concierge costumier entretiendra toujours deux chèvres et les tiendra à la disposition de MM. les militaires pressés, etc. Il est bon de faire remarquer que ce concierge était marchand de vin traiteur, et qu'une circulation assez active pouvait ainsi avoir lieu sans beaucoup attirer l'attention du public.

AIR *de Marianne.*

L'autre jour, pour sauver la France,
Notre préfet et ses mouchards,
De loin, tenaient en surveillance
Des gens de cour et des soudards.
    Grands dignitaires,
    Et militaires,
Semblaient avoir un mot de ralliement,
    Dans une rue
    Très-peu connue,
On les voyait s'aborder prudemment.
    C'est un complot orléaniste,
    Sapant le trône au fondement?
    La police a l'oreille au vent,
        Boitelle est sur la piste.

    Aux aguets, la gent policière
    Voit arriver trois sénateurs (1).

(1) Baron de Heeckeren. Extrait d'une lettre saisie à ... da ...

Une sommité financière (4),
Dragons, cent-gardes et voltigeurs.
Le commissaire,
Qui croit bien faire,
Entre et saisit les grands corps de l'État.
Quelle surprise
Quand il s'avise
Qui tient en main les membres du sénat
Qu'on **arrête** les pauvres diables,
Mais, au nom du gouvernement,
Laissez donc agir librement
Tous les inviolables.

Un dragon de l'impératrice
Ouvrait le cortège galant,
Puis un sapeur de la milice
Venait, suivi de son sergent.

pourrai venir à la réunion qu'à minuit, réservez-moi Dupanloup..... »

— Duc de Mouchy. Jeune attaché d'ambassade, très-connu pour ses gouts non-conformistes...., comme patient.... S'habille ordinairement en femme. — Général d'Herbillon (Emile), général de division et sénateur.

Etaient encore acteurs dans la pièce : — Duc de Valmy, secrétaire d'ambassade. — Davilliers (J.-P.-E.), chef du deuxième bureau, première division, ministère de la guerre. Lieutenant d'état-major. Proxénète et mignon. On faisait des cancans sur lui dans son bureau ; indigné de bruits qui ternissaient son honneur, il fut s'en plaindre à son protecteur, le général Castelnau, chef de sa division au ministère. Le général, qui ne voulait pas que son protégé eut la réputation d'une putain, lui promit de faire cesser les bruits qui couraient. Il pria le préfet de police de faire une enquete ; pour toute réponse, le préfet lui montra une photographie représentant son protégé dans l'exercice de ses fonctions.

Plusieurs dénonciations étaient arrivées à la préfecture de police ; la plus drôle est celle d'un propriétaire qui, voyant arriver une masse de soldats dans la maison folichonne, et apprenant qu'on y avait apporté des uniformes de préfets, de sénateurs, d'éveques, crut à un complot et en écrivit à la préfecture.

(1) Coin, ancien garçon chapelier, qui, grace à ses attraits et à sa haute dévotion, est devenu agent de change et syndic de l'honorable corporation. Il a établi un de ses amis de cœur au Havre, il lui a monté un hôtel garni et va souvent voir sa maitresse ou son homme..., on n'a jamais pu savoir lequel.

Là, sur l'estrade,
Mainte tribade
En exercice, éveillait les désirs.
L'enfant de troupe,
Offrant sa croupe,
Montrait à tous le chemin du plaisir.
A cet aspect, comme un seul homme,
Se dressaient tous les sénateurs;
Conservons, criaient-ils en chœur,
L'usage de Sodome.

En voyant passer les cent-gardes,
Qui dirait à leurs cris vainqueurs,
Que ces héros en hallebarde
Sont les mignons des sénateurs?
L'impératrice,
Leur protectrice,
Les avait fait cuirasser par devant;
Peine inutile,
Car, à la file
On les voyait parader bravement.
Mais, puisqu'aujourd'hui on s'ingère
De les attaquer sous le vent,
Il les faudra dorénavant
Cuirasser par derrière.

Dieu protège la dynastie,
Monsieur, madame et le petit.
La garde veille, Darboy prie,
Morny spécule, Haussmann bâtit.
La France entière,
Heureuse et fière,
Du trône auguste entretient la splendeur.
Bonapartisme
Et sodomisme,
En s'unissant, s'infiltrent dans nos cœurs
La France a ce qu'elle désire,

Et l'édifice est couronné.
Le monde applaudit étonné.
Salut au bas empire !

LAMENTATIONS DES FILLES

Air . *Amis, dépouillons nos pommiers.*

Grand Dieu ! qu'allons-nous devenir,
Nous autres, pauvres femmes ?
Les gens d'aujourd'hui font frémir,
Avec leurs goûts infâmes !
Quittant, pour l'anus,
Le mont de Vénus,
On les voit, dans la ville,
Narguer nos appas,
Et, dans leurs ébats,
S'enculer à la file.

Que vont devenir nos talents,
Notre motte dodue,
Puisque l' nombre de nos chalands
Chaque jour diminue ?
A s'entr'chatouiler,
S'entrouducuter,
Chacun ici s'exerce.
De ce maudit Coin
Vite foutons l' camp ;
Au diable le commerce !

Mais ne perdons pas tout espoir.
Grâce à not' commissaire,
On dit qu' sous peu nous allons voir
Un chang'ment salutaire.
Ami du devant
Ce joyeux vivant
Que tout chacun révère.

                Harcèle et poursuit
                Le jour et la nuit
            Les amis du derrière

Faut-il, pour gagner un écu,
        Dans l' courant d'un' semaine,
Être obligé d' montrer son cul
            Au méd'cin chaq' quinzaine ?
                Puisque les ribauds
                Nous tournent le dos
            Et que l' plaisir s'envole.
                C'est du superflu,
                Car, nous n'avons plus
            A craindre la vérole.

Quoiqu'en disent certains lions,
        Paroissiens de Sodome,
Les culs n'sont pas faits, comm' les cons,
        Pour les plaisirs de l'homme
                Aussi, le bon Dieu
                Punira, morbleu !
            Cette canaille impie ;
                Et Satan viendra
                Qui vous encul'ra
            Toute la compagnie !

Pour avoir bouché d' vilains trous
        Et fait plus d'un' bêtise,
On voit déjà sous les verrous
        Maint et maint rat d'église.
                Mais j' crains qu' le brutal
                N' fasse au tribunal
            Quelques tours de Jocrisse.
                De son vit pointu,
                Le bougre est foutu
            D'enculer la Justice !

CHANSON

AIR : *Du laï-tou.*

Dans la chambre des dames
On file du coton ;
N'en filez pas, mesdames,
Nous vous enfilerons.
    Laï-tou, la la la la laire }
    Laï-tou, la la la la la } *bis.*

Dans la chambre des filles
On entend quelquefois
Soupirer pour des ch'villes
Qui ne sont pas de bois.
      Laï-tou, etc.

Gentilles couturières,
Le métier ne va plus :
Les aiguilles sont chères,
Il faut jouer du cu.
      Laï-tou, etc.

La gentille Ernestine
Disait à sa maman :
J'ai branlé plus de pines
Que vous n'avez de dents.
      Laï-tou, etc.

LES DEUX TROUS

AIR : *Du verre.*

Le trou du cul, le trou du con,
Sont deux trous qui me semblent farces :
Par l'un on jouit du garçon

Et par l'autre on jouit des garces.
Tous les deux me sont défendus;
Mais, puisqu'il faut que je me perde,
Je préfère le trou du cu,
Malgré mon dégoût pour la merde } bis.

BING

LA FESSE

Improvisation ronde-bosse

AIR: *Commissaire, etc.*

Ou : *Moi, je flâne.*

Pour la fesse
Je professe
Un goût assez saugrenu.
O fesse,
Je le confesse,
Ton objet m'est trop connu.

Lorsque mon cœur est vaincu,
C'est souvent par une *fesse;* (*)
Mais, las, n'ayant qu'une fesse
Pour blason sur mon écu,
Lorsque je veux, d'une *fesse*
Tâter le fruit défendu,
Chaque fesse que je fesse
Me coûte un petit écu.
          Pour la fesse, etc.

En dépit des envieux,
Francs buveurs aux rouges fesses,
Ne laissons jamais de *fèces* (**)

(*) Fesse, ici, signifie *femme*, dans le langage des voyoux : — *Oùs
qu'est ma fesse ?...*

(**) Lie de vin.

Au fond de notre vin vieux ;
Et tout en tirant la *fèce*,
Amis, ce sera le lieu
De faire rougir la fesse
De tous nos fesses-Mathieu.
      Pour la fesse, etc.

Je me vois interrompu,
Faute d'une rime en *esse* ;
Hé bien ! au diable la fesse...
Quittons ce sujet crépu.
En badinant sur la fesse,
J'ai fait tout ce que j'ai pu ;
Sur ma fesse, je m'affaisse,
Et je tombe sur mon cu.
      Pour la fesse, etc.

Si vous ne goûtez pas l'air
De ma chanson sur les fesses,
D'un coup de pied dans les fesses,
Flétrissez mon pet-en-l'air.
Dût-on me briser la fesse,
Je préfère, c'est bien clair,
Qu'on me trouve l'air jean-fesse,
Que d'avoir *l'effet sans l'air !*
    Pour la fesse
    Je professe
Un goût assez saugrenu.
    O fesse,
    Je le confesse,
Ton objet m'est trop connu.

ÉTIENNE D.

LA PETITE GASCONNE (*)

Air *de la Croisée.*

J'étais à l'âgé dé quinze ans,
Bien novicé sur toutés choses ;
Pourtant dé l'amour dès cé temps,
Jé brûlais dé cueillir les roses
Mais né sachant où jé dévais
Trouver cetté fleur purpurine,
De même, hélas ! jé né savais
    Ce qué c'est qu'une épine. (*bis*)

Colin mé l'apprit un beau jour :
« Viens, dit-il, bergèré divine,
« Viens, qué jé té montre d'amour
« Et la rose et surtout l'épine. »
J'y consentis, mais lé brutal
Soudain mé piquo où l'on dévine.
Ah ! si j'avais su tout lé mal
    Qué nous fait une épine. (*bis*)

On dit bien vrai, lé mal souvent
En lui-mêmé trouvé sa cure ;
Car l'épine, en l'agrandissant,
Mé fit oublier ma blessure.
Mais, quel malheur ! jé vois bientôt
Sé grossir ma taillé si fine :
Peut-il naître un si grand dépôt
    D'uné pétite épine ? (*bis*)

Malheur à quelqué chose est bon ;
Lé mien fit naîtré mon adresse :

(*) Ces couplets doivent se chanter avec l'accent gascon, tel qu'il est indiqué par les accents aigus.

Jé sais à temps, dé mon giron,
Écarter l'épine traîtresse.
Désormais lé rosier d'amour
A mon gré s'élève ou s'incline :
Et, sans craindre aucun mauvais tour,
Jé joue avec l'épine. (*bis*)

L'ÉPINE

Air : *Un homme pour faire un tableau*
Ou : *Du verre.*

En ce bas monde, il n'est, dit-on,
Pas une rose sans épine ;
Pourtant, je sais plus d'un tendron
Qui préfère au bouton l'épine....
Un buveur, j'en suis convaincu,
En vers chanterait la chopine....
D'autres vous ont chanté l'écu ;
Laisssez-moi vous chanter l'épine.... (*bis*)

Écartez-vous des frais buissons,
Clarisse, il pourrait vous en cuire ;
En cueillant maints gentils boutons,
Parfois l'épine vous déchire....
Mais au doux buisson des amours
Heureux le tendron qui butine :
Car, vous vous écartez toujours
Pour mieux laisser entrer l'épine.

Parfois, ma pauvre Madelon,
Certain souci vous turlupine !....
Vous vous écriez ; « Du talon,
« Qui me tirera cette épine ? »
Laissez le maraudeur galant
Dans le verger faire rapine :
De la blessure, incontinent....
L'amour saura tirer l'épine.

Pour bien aller, prenez souvent
Force infusion d'aubépine ;
Mais, en fait de bon mouvement,
Rien ne vaut la montre Lépine.
Au tribunal, en son jargon,
Chacun pour sa *partie* opine.
Le chasseur parle de faucon
Et l'architecte de *sapine*.

Bonnes mamans, plaignez, hélas !
Le sort de la pauvre *Agrippine* ;
En maint.... et maints galants combats
Vénus a perdu *sa crépine*....
On nous triche en tout, même en vin,
Et plus d'un manchon, j'imagine,
Qu'on croit être en peau de lapin,
N'est fait que de peau de lapine.

Un soir, qu'à l'ombre d'un buisson,
Elle faisait la galopine,
On dit que ce damné Pluton
Fit le diable avec Proserpine.
Bref, plus d'un moderne Actéon,
Qui fait la chasse aux bécassines,
Bien souvent atteint de son plomb
Moins de lièvres que de lapines.

La femme est une épine aussi,
Craignons leur langue de vipères....
Il ne fait pas bon, Dieu merci !
Mettre le nez dans *leurs affaires*.
Elles n'aiment qu'à critiquer,
Mais, femme, ou branche d'églantine,
Pour ne pas s'en laisser piquer,
D'avance, messieurs, on *l'épine*.

ÉTIENNE DUCRET

L'ARTILLEUR INVALIDE

Air : *Du rocher de Sainte-Avelle,*

Ou : *Lionne, défends tes petits.*

Débris d'une gloire passée,
Un vieux soldat, triste et rêveur,
Laissait s'égarer sa pensée
Sur ses beaux jours et l'Empereur.
Les yeux baissés et la paupière humide,
Le vieux soldat s'écria tout à coup :
Plaignez, plaignez l'artilleur invalide } (bis)
Qui ne peut plus *tirer son coup!*

Il me souvient qu'en Italie,
Certain soir, étant de planton,
Une fillette assez jolie
Voulut visiter mon *canon.*
Je laissai faire, et d'une main timide,
Pièce et *boulets*, elle mania tout.
    Plaignez, etc.

Mais, je voudrais bien, me dit-elle,
Voir votre pièce manœuvrer ;
Je cède au désir de la belle,
Et je me mets à la *bourrer.*
A *décharger*, enfin, je me décide,
La pauvre enfant tenait encore *le bout :*
    Plaignez, etc.

A Dresde, chargeant à mitraille,
Nous tirions à coups rabattus,
Nous changions les champs de bataille
De combattants en *combattus.*
Mais le succès fut un éclair rapide,
Car, je perdis un beau *membre* à Moscou :
    Plaignez, etc.

Un jour où les aigles françaises
Au nombre enfin durent céder.
On vit les *capotes anglaises*
Devant nos *coups se débander*.
Mais, que pouvait un courage intrépide,
La trahison avait démoli tout :
      Plaignez, etc.

Il faut te quitter, chaude terre,
Beau sol où longtemps j'ai dormi,
Pour harceler sur le derrière
Et poursuivre un seul ennemi.
C'est le *Prussien*, ah ! ce peuple perfide
Ne m'en fera jamais que du dégoût :
      Plaignez, etc.

Dans sa mémoire trop fidèle,
Il voit, brillant sur son affût,
Un canon ; cela lui rappelle,
Non ce qu'il est, mais ce qu'il fut.
La *bourre* échappe à la main qui la guide,
La *poudre* manque et la *mèche* est à bout :
Plaignez, plaignez l'artilleur invalide ⎫ *(bis)*
  Qui ne peut plus *tirer son coup !* ⎭

LE P'TIT QUIEN

Histoire d'un pucelage normand

AIR : *J'arrive à pied de province.*

Ou : *Quel cochon d'enfant !*

Un soir qu' j'avions la colique,
  J' tournions dans not' lit,
Ma jeun' tante Véronique
  S' réveillit au bruit.
— As-tu quéq' chose qui t' tourmente,
  Réponds-mé, zozo ?

— Oh ! oui ! que j' réponds, ma tante,
      J'avons du bobo !

— Ton mal, fillot, m' fait d' la peine,
      Et dans quel endroit ?
— Au bas du ventr', ma marraine.
      Ah ! qu'a m' dit, c'est l' froid.
— Viens t'en près d' moi, mon p'tit homme,
      Mon lit est ben chaud,
Et sitôt, tu vas voir comme
      Je sais ben c' qu'il t' faut.

A deux mains j' saisis mon *ventr*,
      Et j' marche en m' tâtant,
Puis, tout dret au lit d' ma tante,
      J'entre en guerlottant.
— Mets-toi près d' moi l' plus possible,
      Me dit-elle, mon n'veu,
Ton mal qui t'est si sensible,
      Va fuir peu-z'à-peu.

A peine j' fus eun' minute
      Tout près d'ell' comm' ça,
Qu' la coliqu' qui m' tarabuste,
      S' diminu', s'en va.....
Alors il me prit envie
      D' savoir, pour tout d' bon,
La chos' qui différencie
      Eun' fill' d'un garçon.

La premièr' chos' qui s' présente,
      J'y mets d' suit' la main.
— Ah ! que j' dis, c'est drôl, ma tante,
      Le sex' féminin !
Quoi que j' tiens-là ? C'est des boules ?
      Oh ! les gros morciaux !
— Non, qu'all' répond, c'est des moules
      Pour fair' des capiaux.

J'ai seize ans, m' dis-je en moi-même,
    Il m' faut un métier.
L'outil m' plaît, foi d' Nigodème,
    Je m' f'rons capelier.
J' tât' pus bas, j' sens eun' barbiche,
    Qu'avait l' poil ben doux :
— Tiens ! que j' dis, c'est un caniche
    Qu'est entre ses g'noux.

Est-il ben méchant, ma tante,
    Vot' p'tiot canichon ?
— Non ! — que m' répond ma parente,
    C'est un vrai bichon.
N' sens-tu pas sa bouch' qu'est close ?
    Entre ton doigt d'dans.....
— Tiens, que j' dis, la drôl' de chose,
    Vot' quien n'a point d' dents !

Apparemment que ma tante
    Voulut m'imiter,
Car, d'une main caressante
    A' s' mit à m' tâter.
Alors, j' sentons, jarnobille !
    Ma guitt' qui s'gonflait
Et dev'nait raid' comme eun' quille.....
    Y avait de quoi tremblai !

Quand j' la sentis aussi dure
    Et grandi' d' moitié,
— Bon, que j' m'écri, c'est chos' sûre,
    Me v'là z'estropié !.....
Il faudra p't'êt qu' j'en périsse,
    Ça n' va plus rentrer !....
Et v'là que comme un Jocrisse
    Je m' mets à pleurer.

V'là marrain' qui s' met à rire,
    Mais à rir' comm' tout.

Et puis a' m' dit : — Mon pauv' sire,
    Donn'-moi ton p'tiot bout.
Dessus ell' la v'là qui m' couche,
    En m' tenant les flancs ;
Son p'tiot quien ouvre la bouche,....
    Ma guiguitte est d'dans !

— Ah ! que j' dis, la bonn' posture,
    Comme on est bien là !
N'y a pas d'aussi bonn' monture
    Qui aill' comm' celle-là.
J'irais, marrain', jusqu'à Londres,
    Sans me fatiguer....!
Mais elle, au lieu de m' répondre,
    Ne fait qu' soupirer.

E' pis la v'là qui s'trémousse,
    Comm' prête à bondir.....
Dam ! j' sentions à chaqu' secousse,
    R'doubler mon plaisir.
— Ah ! marrain', comm' ça m' chatouille,
    Lui dis-j', tout ému.....
V'là son épagneul qui m' mouille
    Et qui m' pisse au cu !

Un peu z'après, ma chèr' tante
    M' dit : Va te r'coucher.
Avant d' quitter ma parente,
    J' voulais r'commencer.
Ma souffrance était guérite ;
    Mais, c' qu'est surprenant,
C'est qu' ma guiguitte était p'tite
    Plus qu'auparavant.

Le dimanch', quand Véronique
    Vient coucher cheux nous,
J'avons toujours la colique,
    Tant son r'mède est doux !

Lorsqu'ell' part, j' lui dis : — Marraine,
Souv'nez-vous-en ben,
Quand vous r'viendrez, à huitaine,
Am'nez vot' tiot quien !

Henry Callo.

TOUT UNE HISTOIRE

Air : *Mam'zelle Lise.*

J'eus bien du bonheur un jour :
Jo demandais son amour
A fillette blanche et roso,
Mam'zelle Roso.....
— Mam'zelle Roso
Mo donna la chose !

L'ÉDUCATION DES FILLES

Air : *De la jeune fille à l'éventail*

Une fille, l'estomac vide,
Sans travail, sans un sou, ni lieu,
Prit, pour retarder son suicide,
Un homme, à la grâce de Dieu !
Elle le prit dans la cohue,
Dans un tas d'autres, — dans un bal,
Sans choisir, à première vue,
Sans voir s'il était bien ou mal.
Cet inconnu lui tint parole :
Souper froid, chambre de garçon !
En plus lui donna la vérole ;
Ce fut pour elle une leçon !

Comment se fût-elle guérie,
N'ayant pas plus de quoi manger ?
Un jour un jeune homme en frairie

La voit et s'en vient l'engager.
— Je vais avec vous, lui dit-elle,
C'est seulement pour le repas.
Vous comprenez, de bagatelles,
Pour le moment il n'en faut pas.
— Bonsoir, il faut que je rigole.
Je serai toujours polisson ;
Quand tu n'auras plus la vérole !.... —
Ce fut pour elle une leçon.

Il faut que tout le monde mange,
On ne vit pas de l'air du temps.
Quoi donc ! avoir sacrifié l'ange !
Sacrifier encor les printemps !
Non, non, souper fin, tête-à-tête !
L'enfant soupa férocement !
Mais le scrupule, cette bête !
Lui revint juste au bon moment.
L'amoureux, croyant faire école,
Battit ainsi qu'un paillasson
La pauvre fille à la vérole ;
Ce fut pour elle une leçon.

Cependant ayant faim quand même,
Ne pouvant pas vivre d'amour,
Elle me dit un jour : « Je t'aime ! »
Et j'eus la vérole à mon tour.
Du moins ce jour-là, dévêtue,
Gaie et rieuse, elle mangea ;
Ce jour-là ne fut pas battue
Et pour une nuit se logea.
Pauvre enfant, tête blonde et folle,
Manges-tu ? J'ai mis en chanson
La morale de la vérole
Ou la leçon de la raison.

EMMANUEL DELORME.

J' VOUDRAIS ÊTRE CHIEN

AIR : *Connu.*

> « Que les chiens sont heureux.
> « Dans leur humeur badine;
> « Ils s'enculent entre eux,
> « Ils se sucent la pine :
> » Que les chiens sont heureux !
>
> Théo. G.

Pour vous, qui chantez *à gogo*,
Des r'frains qui plais'nt à la Margot
Et sont prisés de tout' la *tine*,
Je résume en sept, huit couplets,
Le plus ardent de mes souhaits :
    J' voudrais êtr' chien,
      Car, du soir au matin,
    Je pourrais me sucer la pine.

Que l'homme trouve le bonheur
Dans l'or, qui donne la grandeur,
Moi, j'aimerais mieux la débine.....
A la condition, tout seul,
D' m'amuser..... comme un épagneul :
    J' voudrais êtr' chien, etc.

Être homme, est un mince agrément,
Surtout quand, par tempérament,
Il faut se branler la machine.
Le célibat des animaux
Leur permet d' soulager leurs maux !...
    J' voudrais êtr' chien, etc.

Un' femm' veuve a cela de bon,
Qu'ell' peut s' fair' sucer le bouton
Par le Carlin de sa voisine.

Nous autres, ne l' pouvons, vraiment,
Sans craindre, au moins, un coup de dent :
    J' voudrais êtr' chien, etc.

Quand je vois un chien, sur le dos,
Sucer et lécher ses rouleaux,
Cramper en rampant sur l'échine....
Je me déboutonne et soudain
Je chante en m' secouant l'engin :
    J' voudrais êtr' chien, etc.

Pourquoi, quand nos vits sont souffrants,
Somm's-nous forcés d' payer cinq francs
Pour décharger dans un' coquine?....
Quand, de nos lèvres, nous pourrions
Fair' mieux.... que l' plus étroit des cons :
    J' voudrais êtr' chien, etc.

Pour voir la fin d' nos maux affreux,
Confisons le bout de nos nœuds ;
Les chiens s'en léch'ront la babine !
C'est vexant, puisque l' proverb' dit
Qu' *par soi-même on est mieux servi !*
    J' voudrais êtr' chien, etc.

Voudrais-tu, disait *mon auteur*, (*)
Dev'nir bon peintre ou grand sculpteur,
Avocat, docteur en méd'cine ?....
Préfet, ministre, emp'reur ?... — Oui-dà ?
J'aimerais bien mieux que tout ça !....
    J' voudrais êtr' chien, etc.

Si mon langage vous déplaît,
Si vous trouvez chaque couplet
Écrit en français de cuisine,
Refait's-les, mais vraiment, je crois,

(*) L'auteur de mes jours : *Mon dabe !!!*

Qu'au refrain vous direz comm' moi :
        J' voudrais êtr' chien,
        Car, du soir au matin,
    Je pourrais me sucer la pine !

JULES CHOUX,

LES FILLES DE MARBRE

PARODIE

AIR : *De la ronde des pièces d'or* (Montaubry).

        Aimes-tu, Marco, ma fille,
        Le nœud d'un hardi fouteur ?
        Le membre trapu d'un drille
        Que ton cul met en chaleur ?
        Aimes-tu, dans ton délire,
        La langue d'un bon michet,
        Dont la passion s'inspire
        De ton vagin en déchet ?
            — Non non, non non
        — Marco, qu'aimes-tu donc ?
        — Les écus d'un jeune Icare
        Que plument mes jolis doigts,
        Les rentes d'un vieil avare
        Qui bande une fois par mois.

        — Aimes-tu mieux qu'en levrette
        L'homme te baise parfois ?
        Qu'en ton trou du cul qui pète
        Il plonge deux ou trois doigts ?
        Sur l'assise d'une pine,
        Pivotant comme un toton,
        Aimes-tu mieux, en gamine,
        Tirer l' coup du macaron ?
            — Non, non, etc.

— D'une putain ferme et ronde,
Aimes-tu mieux les appas,
Que les plus beaux vits du monde,
De ton cul mouillant les pas ?
Et, comme Sapho l'antique,
Aimes-tu mieux, ma Chloris,
Qu'une tribade impudique
Te suce le clitoris ?
    — Oui, mais.... oui, mais....
Mieux vaut, à tout jamais,
Les écus d'un jeune Icare
Que plument mes jolis doigts,
Les rentes d'un vieil avare
Qui bande une fois par mois.

PAUL SAUNIÈRE.

PLAINTES DE CHIMÈNE A ULRIC (*)

AIR : *De Joseph.*

Au pied du Liban dans l'Asie,
As*sise et tromp*ant sa douleur,
La belle *Chi*mène attendrie
D'Ulric *accu*sait la froideur.
J'ai trop *foi, répétait* Chimène,
En *la loyauté* de ton cœur.
Brisant le lien qui t'enchaîne,
Ah ! tu *manque, Ul*ric, à l'honneur !

Quand j'ai *su séduire* ton âme,
Tu *m'en fis l'aveu* sans détour,
Et *grâce à l'ardeur* de ma flamme,
Tout *sembla gai* dans notre amour ;
Malgré *ton* bou*illant caractère,

___

(*) Pour chanter cette chanson avec ame, il faut accentuer sur ce quⁱ
est imprimé en italique.

Je fis *sans peine* ton bonheur,
Ta bouche a juré de me plaire:
Ah ! tu *manque, Ul*ric, à l'honneur

Un dé*dain dont* je suis froissée
A, *trop inexorable* amant,
Montré qu'une unique pensée
Soumet*tait ton* cœur inconstant.
Je sais qu'*occu*pé d'autres belles,
Tu vois mon *trouble* sans douleur ;
Mais j'ai des *vengeances* cruelles
Quand on *manque, Ul*ric, à l'honneur'

Quand ton *vif outrage* m'offense,
Tu vas, au *lieu* de t'excuser,
Ici, *pour sauver* l'apparence,
Sans crainte *aucune* m'accuser ;
*Tyran, ton cou*pable langage
Est fait *pour irriter* mon cœur.
Pense à *ma tris*tesse et ma rage,
Si tu *manque, Ul*ric, à l'honneur.

LA MAITRESSE D'ESCRIME

Air : *Allez-vous-en, gens de la noce.*

Vous voulez donc faire des armes:
Monsieur Lucas, approchez-vous ;
Si je possède quelques charmes,
Je les abandonne à vos *coups.*
Suivez en tout point notre charte
Pour être académicien.
     Fendez-vous bien. (*bis*)
Et tâchez que votre *coup* parte
Dans le même instant que le mien.

Ayez la mine moins guindée,
Mais déployez plus de vigueur ;
Tenez-vous en tierce bandée,
Et vos *coups* me viendront au cœur.

Si vous perdiez jamais la carte
Je deviendrais votre soutien.
  Fendez-vous bien, etc.

Eh ! quoi, sans que je sois en garde
Vous avez saisi l'espadon ;
Déjà votre main se hasarde,
Et vous me serrez *le boulon*.
Les guerriers de Rome et de Sparte
N'avaient pas un plus fier maintien.
  Fendez-vous bien, etc.

Dans mon sein votre fer se plonge,
Ce *coup* vient de m'abasourdir ;
Encore le quart d'une allonge,
Et je me sentirai mourir :
De mon devoir si je m'écarte,
Venez *sur moi*, ne craignez rien.
  Fendez-vous bien, etc.

Quoi ! votre courage chancelle,
Mes souhaits seraient-ils trompés ?
Malgré la force de mon zèle,
Sans vous défendre, vous rompez.
Percez-moi de tierce ou de quarte :
Songez que c'est.... pour *notre bien*.
  Fendez-vous bien, *(bis)*
Et tâchez que votre coup parte
Dans le même instant que le mien.

Ch. Lepage

L'AMOUR LA NUIT COMME LE JOUR

Messieurs les étudiants
S'en vont à la chaumière
Pour y danser l' cancan
Et la Robert Macaire.

Toujours, toujours,
La nuit comme le jour.
Et rou piou piou, tra la la la la (4 fois)
            là !

Quand on a plus d'argent,
On écrit à son père,
Qui vous répond : Carcan,
Il ne fallait pas faire....
      Toujours, etc.

Les modistes de Caen
Sont des vertus sévères ;
Mais donnez-leur cinq francs,
Et vous leur ferez faire....
      Toujours, etc.

Les dames d'Alençon
S'en vont à la prière,
Non pas par dévotion,
Mais pour branler l' vicaire.
      Toujours, etc.

Les yeux de ma Lucie
Sont des portes cochères,
Au-dessus est écrit :
Appartement pour faire....
      Toujours (*)....

(*) On lit au tome xiv du *Recueil* de Maurepas.

CHANSON

Sur l'air : *Faire l'amour la nuit et le jour,*

Pour mademoiselle de Charolais.

      « Les yeux de mon Iris
      « Sont des portes cochères,
      « Où l'on voit en escrit :
      « Appartement à faire...
      « A faire l'amour, la nuit et le jour.

Je suis un collégien
Devenu poitrinaire
Pour avoir fait d' ma main
Un con imaginaire.
    Toujours....

Mon père est à Paris,
Ma mère est à Versailles,
Et moi, je suis ici
Couché sur de la paille.
    Toujours....

Quand on a tout perdu
Et qu'on a plus d'espoir,
On prend son torche-cul
Pour s'en faire un mouchoir.
    Toujours....

TABLEAU D'UN JOUR DE NOCE

AIR : *Oui, je l'avouerai sans détour.*

(*Gastronome sans argent.*)

Vrai, je vous le dis sans détour,
J'aime ce jour
De foutrie et d'amour,
Où chacun heureux,
Joyeux,
Boit, mange, rit et fout à qui mieux mieux.

Dès le matin chacun s'apprête;
Lavé, frisé du cul jusqu'à la tête,
La mariée surtout a le soin
De se nettoyer jusqu'au plus petit coin,
L'heure sonne, on part,
La plupart
Blaguant,
Bandant

Et souvent
Déchargeant ;
Car des minois frais et jolis
Sont tout exprès pour allumer des vits.

On unit les deux
Amoureux,
Puis un sermon
Répété bel et bon,
Est adressé par le curé
Qui se crève de rire quand il l'a digéré.
A table
On se met,
Puis on fait,
D'un air aimable,
De mauvais calembourgs.
Et toujours
Le garçon d'honneur
Donne
A la bonne
Un cadeau de fouteur.

On danse,
On s' panse,
On boit, on rit,
Chacun divague
Et blague
Femme et mari ;
Puis des cancans
Bien innocents
En dessous main partent
De temps en temps.

Minuit sonne,
Et la bonne
Maman,
D'un signe de tête,
Pour n' pas troubler la fête,

Apprend alors à son enfant
Qu'elle peut aller
S' faire piner
A présent.

Elle embrasse amis et voisins,
Ses grands parents, surtout son p'tit cousin
Le papa la bénit
Et rit
Et la maman
Lui dit doucement :

« Rose, pars maintenant, ton mari est un peu dans la vigne du seigneur et il ne s'en apercevra pas.... » — « Mais, ma mère.... » — « Allons, ma fille, c'est pour votre bonheur, ne faites pas l'enfant. » — Mais, s'il allait s'apercevoir que c'est déjà écorné.... » — « Serre les cuisses et surtout n'oublie pas ta vessie de poulet, que tu crèveras sur ta chemise en poussant un cri. » — « Mais enfin, ma mère.... » — « Allons, madame, il ne fallait pas vous laisser enfoncer par votre cousin. D'ailleurs, il m'en était arrivé autant, et votre respectable père n'y a vu que du feu.... (*On crie*): La voiture de madame la mariée ! — Adieu, mes enfants ; ménagez-la, mon cher gendre. »

Ah, je l'avouerai sans détour,
J'aime ce jour
De foutrie et d'amour,
Où chacun content et joyeux,
Boit, mange, rit et fout à qui mieux mieux.

A. DE C

SONNET

Un jour, Dieu par malheur créa la femme honnête,
Sincèrement, joyeux vivants, je le regrette,
Et j'aime cent fois mieux une aimable Catin.
Qui se met sur le dos gaîment soir et matin

Ces vertus de salon ! à peine ça culète,
Une Catin, au moins, à ce métier bien faite,
Y va de tout le cul, et le vrai libertin
Préférera toujours son lubrique vagin

Aussi, jeunes ribauds, aimons ces folles femmes
Qui de l'amour charnel savent toutes les gammes
Et dont le corps obscène au plaisir est rompu.

Mais ne poursuivons pas ces bourgeoises épaisses.
Qui se tiennent sous vous sans secouer les fesses,
Et laissons leurs maris dégourdir leur vertu.

LA BATAILLE DE NOVI

(Condamnée)

AIR : *Je suis vilain.*

L'an passé, l'hôtel et le trône
Tremblaient aux bruits de nos succès ;
Déjà dans la marche d'Ancône
Flottait le pavillon français.
Aujourd'hui, c'est une autre thèse,
Le sort a changé de parti :
Pleurez, pleurez, dames françaises,
Nous venons de perdre Novi.

Hélas ! monsieur le capitaine,
Vous y fûtes ; contez-nous ça,
Volontiers : D'abord dans la plaine
Notre corps d'armée avança.
Deux gorges étaient là tout proche.
Plus bas était un bois taillis,
Et l'on voyait à notre gauche
Le fleuve qui sort de Novi.

Le tambour roule, on bat la charge.
Les balles sifflent, l'air gémit,
Tout s'ébranle, quelle décharge !
Et nous culbutons l'ennemi.
Nous nous croyions sûrs de l'affaire,
Car nous avions de plus que lui,
Outre le calibre ordinaire,
Le gros calibre de Novi.

Mais hélas ! il fut notre maître,
Ce vieux chauffeur de Suwarou,
Je vis qu'on savait prendre en traître,
A Florence ainsi qu'à Corfou.
Nous vendîmes cher la victoire,
Et partageâmes avec lui
Le champ de bataille et la gloire,
Mais nous y laissâmes Novi.

De nos malheurs en cette affaire,
Or, voici la cause en deux mots :
C'est qu'on nous traita sans mystère
Comme des dindons et des sots.
Les fournisseurs de nos ressources
Trafiquaient avec l'ennemi ;
Quand les uns nous coupaient nos bourses,
D'autres nous arrachaient Novi.

Cette désastreuse nouvelle
Bientôt dans Paris se répand,
A l'oreille chaque femelle
Se la raconte en sanglotant ;
Riche, bourgeois, peuple, canaille,
Tous là-dessus n'ont qu'un seul cri :
Grand Dieu ! la sanglante bataille
Que la bataille de Novi.

Un sénat femelle s'assemble ;
Il arrête qu'à Paul premier,

Deux cents belles iront ensemble
Le conjurer et le prier
De venir confisquer en France,
Bordeaux, Lyon, Paris aussi ;
Qu'il les prenne, et qu'en récompense
Il nous fasse rendre Novi.

SUITE DE LA BATAILLE DE NOVI

(Condamnée)

Même air.

Mesdames, qui versez des larmes
Sur le sort de nos combattants,
Quand vous vous mettrez sous les armes
Vous en ferez des conquérants.
Il n'est rien que l'on ne hasarde,
Si vous prenez notre parti ;
Venez combattre à l'avant-garde,
Et vous pourrez ravoir Novi.

Au lieu d'aller en ambassade
Faire à Paul un sot compliment,
Vite, formez une brigade
Et prenez place au premier rang.
Je gage qu'entre deux colonnes,
A la barbe de l'ennemi,
Un si joli corps d'amazones,
Pourrait lui seul prendre Novi.

Je vais vous dire la manière
De mettre en jeu tous nos renforts ;
Sur chaque bord de la rivière
Placez moitié de votre corps.
De vaincre, si vous êtes dignes,
Vous devez, par ce coup hardi,
Faire couler entre vos lignes
Le fleuve qui sort de Novi.

Le coup décide la victoire ;
Nos soldats par vous animés,
Voulant partager votre gloire,
Bandent leur arme à vos côtés.
On bat en brèche au pas de charge,
On presse, on pousse l'ennemi,
Et, par une heureuse décharge,
On se rend maître de Novi.

Pour conserver votre conquête,
Vous y restez en garnison ;
Nos grenadiers sont à la tête,
Et sur les flancs maints bataillons.
Les canonniers sur les derrières,
Les cavaliers, dragons aussi,
Votre corps, de cette manière,
Se trouve au milieu de Novi.

Cette honorable récompense
Sera le prix de vos travaux.
En cas que l'ennemi s'avance,
Nous soutiendrons tous ses assauts.
Si par malheur une défaite
Vous force à plier devant lui,
Pour assurer votre retraite
Vous vous rangerez sous Novi.

Ne balancez pas, sexe aimable,
A vous présenter au combat ;
Votre grand cœur, de tout capable,
Doit se prêter au coup d'éclat.
Osez vaincre, et sur vos bannières
On mettra ce refrain chéri :
Honneur à vous, dames guerrières,
Dont les mains ont repris Novi.

L'OBSTINÉE

Air : *Il a toujours le nez au vent*

Ou : *Quand les bœufs vont deux à deux*

Non, je n'f'rai pas c'te bêtis'-là,
Ma mère, on dira c'qu'on voudra ;
  Vous aurez beau m'tracasser,
  Non, j'n'irai pas m'confesser.

Et quoi ! vous voulez, ma mère,
Que j'aille appeler mon père,
Un homm' que je n'connais pas ?
Mais pour vous, c'est une injure,
Et j'ignorais, je vous jure,
Que j'eusse autant de papas.
    Non, etc.

Il faut donc que j'aille dire
Que j'ai toujours envie d'rire,
Quand j'vois un homme pisser,
Si c'est maigre ou gras que j'mange,
Si, quand un endroit m'démange,
J'y mets l'doigt pour le gratter ?
    Non, etc.

Ce qui plus me formalise,
C'est qu'on choisisse une église
Pour y fair' ces sottis'-là ;
Vous trouvez joli, peut-être,
Que j'aille dire à ce prêtre :
J'ai dit ci, puis j'ai fait ça.
    Non, etc.

Pourquoi dans l'siècle où nous sommes,
Est-ce toujours à des hommes
Qu'il faut qu'tout ça soit conté ?

Quand j'leux parl'rai d'une affaire,
J'crois qu'y n'me comprendront guère.
S'ils suiv't leurs vœux d' chasteté.
   Non, etc.

Comment me rapp'ler, j'vous prie,
Tous les péchés de ma vie?
J'sais ben qu'par un zèle ach'vé,
Si j'en oubliais, peut-être,
L'confesseur saurait me r'mettre
Dessus la voie du péché.
   Non, etc.

Plus d'un' fill' fut questionnée,
Où qu'sa main était placée
La nuit quand elle dormait ;
Puisqu'on a dit à Javotte
Quand ell' tenait un' carotte,
Quelle idée qu'ça lui donnait.
   Non, etc.

Ainsi donc, plus de confesse,
Ce vilain mot seul me blesse.
J'suis pas comm' monsieur l' curé,
Car, il l'aim' tant, le vieux drille,
Qu'il voudrait à chaque fille,
En prendre au moins la moitié.

Non, je n'f'rai pas c'te bêtis'-là,
Ma mère, on dira c'qu'on voudra ;
  Vous avez beau m'tracasser,
  Non, j'n'irai pas m'confesser.

GARIEN

LA MERDE

Je vais, prenant un ton sublime,
Vous chanter l'étrange ragoût

Qui d'un prophète de Solime,
Un beau matin flatta le goût;
Que les Tartares, dans l'enceinte
Où leur grand Lama s'accroupit,
Recueillent comme chose sainte,
Et mangent comme pain bénit.

En un mot, et sans périphrase,
Je chante la merde, et je sens
Qu'aujourd'hui, pour monter Pégase,
Mes efforts seront impuissants.
Suivant l'usage, aux neufs pucelles
J'ai communiqué mon projet ;
Mais, l'avouerai-je, aucune d'elles
N'a voulu goûter mon sujet.

A l'éclat brillant de la rose
Je rends hommage en amateur;
Mais que d'épines elle oppose
A ceux qui convoitent sa fleur.
O vous! que son parfum enchante,
Vous l'éprouvâtes bien des fois :
Si la merde est moins odorante,
Elle ne pique pas les doigts.

J'entends la mère de famille,
Usant de son autorité,
A chaque instant dire à sa fille :
Prends garde à ta virginité.
Dans la crainte qu'il ne se perde,
Ce bijou que tant vous prônez,
Maman, barbouillez-le de merde,
Personne n'y mettra le nez.

Abordant une île inconnue,
Un capitaine à ses marins,
Qu'une longue diète exténue,
Criait : Rendons grâce aux destins.

La plus heureuse découverte
Me rassure sur notre sort:
Cette plage n'est pas déserte,
Je vois des étrons sur le bord.

Heureux qui, dispos et robuste,
Tous les matins, l'été, l'hiver,
Va gaîment au pied d'un arbuste
Pousser une selle en plein air.
Avant de lever la séance,
Il fait à l'aise un demi-tour
Et regarde avec complaisance
L'être qu'il vient de mettre au jour.

Si j'étais prince, sans répandre
Le sang humain dans les combats,
J'aurais le moyen de défendre
Et ma couronne et mes États.
Je ferais aux jours de bataille
Contribuer tous mes sujets ;
Les dévoyés pour la mitraille,
Les constipés pour les boulets.

Une digestion pénible
Trouble l'âme, offusque les yeux ;
Un roi serait moins irascible
Et plus heureux s'il chiait mieux.
Je crains les gens de son calibre,
Et si j'étais son médecin,
Je lui tiendrais le ventre libre
Pour qu'il eût le jugement sain.

Quand, d'un superflu qui le gêne,
Certain ministre, au saut du lit,
N'a point allégé sa bedaine,
Tout l'indispose et l'ahurit.
Le lendemain plus de malaise,
Son Excellence est sans aigreur

Elle a, dans ses lieux à l'anglaise,
Déposé sa mauvaise humeur.

Si la France était gouvernée
Au gré du plus sage des rois,
La charte qu'il nous a donnée
Aurait affermi tous nos droits.
Vil flatteur, prélat à gros ventre,
De Loyola maudit suppôt,
Roquet à droite et singe au centre,
Tout cela serait sur le pot.

Merde pour le vil mandataire
Trafiquant son vote et sa voix,
Merde pour le plat ministère
Qui tronque impunément nos droits :
Merde pour les jongleurs qui vendent
Des chapelets et des agnus :
Merde enfin pour ceux qui prétendent
Nous emmerder de vieux abus.

Auguste Gilles

LA SOLLICITEUSE

Air : *Sur votre table lorsqu'on apporte.*

Je sors enfin de l'audience,
Mon cher époux, écoute-moi :
Une heure avec Son Excellence
Je viens de m'occuper de toi.
Chez ce ministre exempt de blâme
On peut aisément parvenir,
Car il ne voit pas une femme
Sans chercher à l'entretenir.

D'honneur, j'étais à peine entrée,
Que, comblant mon plus doux espoir,
Son Excellence révérée

Tout près d'elle me fit asseoir.
Ah ! dis-je, pour moi quelle gloire,
Reçue ainsi par Monseigneur,
Je n'aurai pas, j'aime à le croire,
A me plaindre de sa longueur.

Je sais, dit-il, ma belle dame,
Ce que vous attendez de moi ;
Pour le cher époux on réclame,
Il vient de perdre son emploi.
Mais son indolence est extrême,
A maints écarts il est sujet ;
Vous conviendrez ici vous-même
Qu'il remplissait mal son objet.

Dans l'embarras où ce langage
Naturellement me plaçait,
J'eus encore assez de courage
Pour lui présenter ton placet.
Sourd à mes instances expresses,
Son silence allait m'étonner,
Quand, sur le rejet de tes pièces,
Je le vis se déboutonner.

A vos bontés est-il un terme ?
Ne vous attendrirai-je pas ?
Non, madame, je serai ferme,
Je le jure par vos appas.
Par un bonheur inconcevable,
Après ce mot dont je tremblai,
Je le croyais inébranlable,
Et cependant je l'ébranlai.

Donnez donc que j'écrive en marge
Le rapport de votre mari :
C'en est fait ! allons, je décharge
Ce monsieur, quoiqu'il m'ait aigri.
De ma vive et juste colère,

Pour avoir ainsi triomphé,
Il faut, en vérité ma chère,
Que votre époux soit né coiffé.

Puisque ta place t'est rendue,
Déride ce front sourcilleux ;
Mais souviens-toi qu'elle n'est due
Qu'à mes efforts prodigieux ;
Et conviens avec ton Hortense
Que, pour te servir chaudement,
J'ai su, dans cette circonstance,
Me donner bien du mouvement.

E. JOURDAN.

LES TRIBULATIONS D'UN CURÉ DE VILLAGE

AIR : *Au boulevard du Temple* (de Désaugiers).

REFRAIN

Mon Dieu, mon Dieu, quel triste état,
J'n'aim' ni le scandal', ni l'éclat,
Mais si j' n'obtiens l' canonicat,
Je lâch' la calotte et l' rabat ! (*bis*)

Aujourd'hui la plus p'tit' prébende
Vaut mieux qu' mon r'venu tout entier.
On n' met qu' des centim's à l'offrande :
Ça n' paie pas l' sel du bénitier.
Pour cierge, j' n'ai que d'la chandelle ;
J' suis obligé, faut' d'encensoir,
En y mettant trois bouts d' ficelle,
De m'en faire un d' mon égrugeoir.
Mon Dieu, etc.

Quand vient un' fêt' carillonnée,
Mes enfants d' chœur sont en sabots;
Pour surplis ma ch'mis' retournée
S' cach' dans l'étol' qu'est en lambeaux.
Pour pain bénit n'y a plus d' brioches,
Mais un' mich' noire ou du pain rond.
Et si j' veux fair' sonner les cloches
Faut qu' j'aille emprunter un chaudron.
Mon Dieu, etc.

Pour auditoir', quand j' dis la messe,
J' n'ai quéqu'fois pas même un marmot;
Les vieill's femm's seul's vont à confesse,
Les jeun's péch'nt sans m'en dire un mot.
Les garçons dans'nt avec les filles;
Au cabaret tout l' mond' se perd.
Pendant l' sermon on joue aux quilles;
Moi, comm' saint Jean, j' prêch' dans l'désert,
Mon Dieu, etc.

C'est à qui n' f'ra pas d'sacrifice;
L'églis' n'a ni toit ni vitraux,
Et bien souvent, pendant l'office,
Les pigeons m' font caca sur l' dos.
Quant il pleut, je r'çois tout' la sauce.
Faut-il que j' sois enguignonné!
Pour un seul vœu qu' le ciel exauce,
C'est l'*asperges me Domine!*
Mon Dieu, etc.

Faut êtr' circonspect à l'extrême;
L'voisinag', curieux et malin,
Veut savoir si j' jeûne en carême,
Quand j' fais gras et quand j' bois du vin.
La médisance m'épouvante;
Car je sais qu'on dit en secret
Que j' suis bien avec ma servante,
Et qu'sa nièce est tout mon portrait.
Mon Dieu, etc.

Chaqu' jour l'état est moins facile,
Le villageois d'vient questionneur ;
Il est incrédule, indocile,
Avare, impie et raisonneur.
De la croyance catholique,
Il voudrait tout comprendr' d'abord,
Quand moi, qui d'puis trente ans l'explique,
Je n' la comprends pas bien encor.
Mon Dieu, etc.

Quand je r'çus c'te mission sublime,
Qui diable aurait jamais prédit
Que, par la suppression d' la dîme,
J' jeûn'rais plus souvent qu' Jésus-Christ ?
A nos ouaill's faut enfin que j' dise :
Payez ou j' quitt', gnia plus d' milieu.
On doit savoir qu'un homm' d'église
N' travaill' pas pour l'amour de Dieu.

Mon Dieu ! mon Dieu ! quel triste état !
J' n'aim' ni le scandal' ni l'éclat,
Mais si j' n'obtiens l' canonicat,
Je lâch' la calotte et l' rabat ! (bis)

MARCILLAC.

MENACE — EXCUSE

AIR : Du vaudeville du Solliciteur.

Un gros monsieur, à la mine un peu crâne,
Sur qui le vin produisait ses effets,
Osa porter une main trop profane
Sur des attraits qui jadis étaient frais.
— Ah ! finissez ! s'écria la bégueule,
   M' prenez-vous pour une catau ?
Si j' n'étais pas une femm' si comm' y faut,
   J' vous f..trais mon poing sur la gueule. (bis)

Pardon cent fois, oh ! belle dame,
Si j'ai pu blesser votre honneur,
Croyez que l'ardeur qui m'enflamme
A seule causé mon erreur.
D'un mot cruel, dicté par la colère,
Je pardonne aisément l'essor ;
Mais si vous me l' disiez encor,
J' vous foutrais ma botte au derrière. *(bis)*

L'AMANT ET L'ÉCHO

AIR : *Je passerais gaiement ma vie.*

Mes bons amis, que faut-il être
Pour qu'on m'estime un bon luron ?
 Rond, rond, rond. *(bis)*
J'ai déjà réussi peut-être,
J'aime le vin et le jambon.
 Bon, bon, bon. *(bis)*
Le croiriez-vous, près des fillettes
Jamais je n'ai pris mes ébats ?
 Bah ! bah ! bah ! *(bis)*
Comment, avec une poulette,
Donner à mes désirs l'essor ?
 Sors, sors, sors. *(bis)*
Que faire alors à la brunette,
Quand je serai sur le gazon ?
 Zon, zon, zon, *(bis)*
  Zon, zon.

A un tendron que faut-il prendre,
Quand il est à demi-vaincu ?
 Cu, cu, cu. *(bis)*
Si la belle daigne se rendre

Que faire dès qu'on le permet?
  Mets, mets, mets. *(bis)*
Mettre me paraît impossible,
Certain obstacle le défend.
  Fends, fends, fends. *(bis)*
Fendre? mais la chose est pénible,
J'aimerais mieux quitter l'assaut.
  Sot, sot, sot. *(bis)*
Rose, à la douleur insensible,
Me dit soudain: Fais un effort.
  Fort, fort, fort, *(bis)*
   Fort, fort.

Ah! Dieu! je vais cesser de vivre,
Dit-elle en poussant un hélas!
  Las, las, las. *(bis)*
Attends-moi donc, je vais te suivre.
Que te faut-il si je survis?
  Vi, vi, vi. *(bis)*
Comment donc te prouver mon zèle?
De toi, ma Rose, je suis fou.
  Fous, fous, fous. *(bis)*
De si beaux morceaux, me dit-elle,
J'aime à goûter, l'aurais-tu cru?
  Cru, cru, cru. *(bis)*
Sois heureuse, ma toute belle:
Prends, dis-je, et la belle acheva.
  Va, va, va, *(bis)*
   Va, va.

Savez-vous comment on appelle
Qui ne sait vider un flacon?
  Con, con, con. *(bis)*
Ni déboucher une pucelle
A l'œil vif, au teint rubicond?
  Con, con, con. *(bis)*
Qui poussant à bout une belle,

Au pied du mur fait le gascon ?
    Con, con, con. (*bis*)
L'auteur d'une pièce nouvelle,
Dégringolant de l'Hélicon ?
    Con, con, con. (*bis*)
Un sot forgeant dans sa cervelle
De mauvais vers à gros flocons ?
    Con, con, con, (*bis*)
     Con, con.

DEMAILLY.

HISTOIRE LIBIDINEUSE

AIR : *Des folies d'Espagne.*

Filles du dieu qui conduit la lumière,
Inspirez-moi du haut de l'Hélicon ;
Je vais chanter sur un ton débonnaire
Les doux plaisirs que procure le....
    Tra la, la, la, la, la, la, la,
Tra la, la, la, la, la, la, la, la, la.

Dans un bosquet où j'errais solitaire,
Hier mon cœur fut tendrement ravi :
J'aperçus Lise, et je lui dis : Ma chère,
Ah ! prends pitié des tourments de mon....
    Tra la, la, etc.

Depuis deux jours, sans oser te le dire,
Rien n'est plus vrai, d'amour seul j'ai vécu ;
La vie, hélas ! m'est un cruel martyre
Et ne dépend que de ton petit....
    Tra la, la, etc.

Pourquoi mourir, me répondit la belle ?
De tels projets n'appartiennent qu'aux fous.
Sur le gazon alors elle chancelle ;
Entre mes bras sur-le-champ je la ....
    Tra la, la, etc.

Huit jours après cette heureuse aventure,
J'avais perdu beaucoup de mon aplomb,
Et chacun put juger, à ma tournure,
Qu'à ce beau jeu j'avais gagné le....
    Tra la, la, la, la, la, la, la,
Tra la, la, la, la, la, la, la, la, la.

E. RONOT.

PROMISCUITONS

Air : *Des Esclaves Gaulois* (Béranger).

Hosanna ! le Père suprême
Que la police a relâché,
D'un grand, d'un merveilleux système
Tout récemment est accouché.
    D'un maître perfide,
Femmes ! brisons l'anneau que nous portons ;
Père Enfantin nous a lâché la bride....
    Promiscuitons !

Les mots : vertu, candeur, principe,
Sont Pompadour et rococo ;
Enfantin veut qu'on s'émancipe,
Qu'en nous sa voix trouve un écho.
    Réformes complètes !
Changeons d'habits, de rôles et de tons,
Faisons voler nos jupons sur nos têtes !!
    Promiscuitons !

Jetons l'innocence à la borne ;
Mettons la pudeur au rebut ;
Des époux trompés, le tricorne
A cessé d'être un attribut ;
    Les sexes s'effacent,
Malgré les mœurs, les lois et les Platons,
L'honneur n'est plus où nos maris le placent....
    Promiscuitons !

Filles que l'adroite Lucine,
A délivrées d'un fier chicot,
Sur votre cas, dame doctrine,
Passe l'éponge et le rabot.
D'un mâle anonyme
On peut sans honte avoir des rejetons :
Chaque bâtard est de droit légitime....
Promiscuitons !

Pimbêches aux regards pudiques,
Qu'on croit à dada sur l'honneur :
Ne gardez plus comme reliques
Certaine bijou, certaine fleur ;
Prudes démasquées !
Ne cachez plus vos yeux et vos mentons....
Soyez plutôt tous les jours cosaquées....
Promiscuitons !

Cafard, ferme ton bréviaire,
Brûle ton poêle et ton surplis ;
A votre tour, monsieur le maire,
Mettez votre écharpe aux fouillis.
Profès et professe
En s'épousant comme les hannetons,
N'ont plus besoin d'un acte et d'une messe.
Promiscuitons !

Consœurs, vous dont le cœur végète,
Faut réparer le temps perdu,
Mettons au rancart la diète,
Et mordons au fruit défendu ;
Sottes que nous sommes !
Pour apaiser nos appetits gloutons,
Repassons-nous des indigestions d'hommes....
Promiscuitons !

Au nez de tous nos adversaires ;
Au nez des sots méticuleux ;

Au nez des curés, des notaires ;
Au nez des frondeurs, des peureux ;
Au nez des satrapes,
Au nez des grands, des petits, des Catons,
Au nez des rois, à la barbe des papes,
Promiscuitons !

L. FESTEAU.

LE MAIRE D'EU

CHANSONNETTE FAITE SUR LES LIEUX

AIR : *Les anguilles, les jeunes filles.*

L'ambition, c'est des bêtises,
Ça nous rend toujours soucieux ;
Mais, dans le vieux manoir des Guises
Qui ne serait ambitieux ?
Tourmenté du besoin de faire....
Quelque chose sur ce beau lieu,
J'ai brigué l'honneur d'être maire,
Et l'on m'a nommé maire d'Eu.

Mon origine n'est pas claire...,
Rollon nous gouverna jadis,
Mais César fut-il notre père,
Ou descendons-nous de Smerdis ?
Dans l'embarras de ma pensée,
Un mot peut tout concilier,...
Nous sommes issus de Persée...
Voyez plutôt mon mobilier.

Je ne suis pas fort à mon aise,
Ma mairie est un petit coin,
Mon trône une petite chaise
Qui me sert en cas de besoin.
Mes habits ne sentent pas l'ambre,
Mon équipage brille peu ;

Mais que m'importe?... un pot de chambre
Suffit bien pour un maire d'Eu.

Cette garde-robe modeste
Me suffit et remplit mes vœux;
Fasse le ciel qu'elle me reste,
Et je serai toujours heureux.
Puisse le prince, dont sans cesse
La France bénit les bontés,
Me conserver dans ma vieillesse
Mes petites commodités.

On vante partout ma police.
Ce qu'on fait.... ne m'échappe pas,
A tous je rends bonne justice,
J'observe avec soin tous les cas.
On ne peut ni manger ni boire
Sans que tout passe sous mes yeux ;
Mais c'est surtout les jours de foire
Qu'on me voit toujours sur les lieux.

Des flatteurs vantent leur science
Et la beauté de leurs budgets,
Mais souvent leur peu de finance
Compromet tous nos intérêts.
Moi, j'ai la visière plus nette ;
Car, vous en serez étonnés....
Lorsque je me sers de lunettes,
Je ne les mets pas sur mon nez.

Grâces aux roses que l'on cueille,
Dans mon laborieux emploi,
Je préfère mon portefeuille
A celui des agents du roi.
Je brave les ordres sinistres
Qui brisent ce pouvoir tout net,
Et plus puissant que les ministres,
J'entre en tous temps au cabinet.

Je me complais dans mon empire,
Il ne me cause ancun souci,
Moi, j'aime l'air qu'on y respire,
On voit, on sent la mer d'ici.
Partout l'aisance et le bien-être,
Ma vie est un bouquet de fleurs ;
Aussi, j'aime beaucoup mieux être
Maire d'Eu que maire d'ailleurs.

Vieux château bâti par les Guises,
Mer d'azur baignant le Tréport,
Lieux où Lauzun fit des bêtises,
Je suis à vous jusqu'à la mort.
Je veux, sous l'écharpe française,
Mourir en sénateur romain,
Calme et tranquille sur ma chaise,
Tenant mes papiers à la main.

Vatout.

L'AUBERGE DE L'ÉCU DE FRANCE

Air : Mon père était pot.

J'aime Dijon et la beauté
  De ses vignes fleuries,
J'aime Dijon et la bonté
  De ses hôtelleries.
    Il en est plusieurs
    Qui des voyageurs
  Briguent la préférence ;
    Moi je vais partout,
    Mais par-dessus tout
  J'aime l'Écu de France.

Si je contemple avec bonheur
  Cette enseigne chérie,
C'est qu'elle éveille dans mon cœur
  L'amour.... de la patrie.

Oui ! d'être Français,
Dans le doux accès
De ma reconnaissance,
Je suis glorieux,
Lorsque, sous mes yeux
Je vois l'Écu de France.

On ne peut jamais sans plaisir
Aborder cet asile ;
il est très-aisé d'en sortir,
Entrer est moins facile.
Gloire au pélérin
Qui, soir et matin,
Y fait longtemps séance.
Honte au voyageur
Qui fuit sans pudeur
Devant l'Écu de France !

Voulez-vous connaître les.... lieux....
De l'auberge que j'aime,
Sa façade charme les yeux
Par sa blancheur extrême.
Joli logement
Derrière et devant,
Avec la jouissance
D'un petit jardin
Qu'on a sous la main.
Voilà l'Écu de France.

J'ai pourtant lu je ne sais où
Que cette hôtellerie,
A vrai dire n'était qu'un trou ;
C'est une raillerie,
Car les environs
Sont si frais, si bons,
Que, pour sa résidence,
On a vu toujours
Le dieu des amours
Prendre l'Écu de France

Et l'Amour a cent fois raison.
J'ai vu l'Écu d'Espagne,
L'Écu de Rome et d'Albion,
Et l'Écu d'Allemagne ;
J'ai logé partout,
J'ai tâté de tout,
Et, par expérience,
J'ai, dans tout pays,
Dit comme à Paris :
Vive l'Écu de France !

VATOUT

LE PUITS D'AMOUR

AIR : *Mon père était pot.*

A beau mentir qui vient de loin !
Dit un ancien adage,
Et j'en veux prendre pour témoin
Un grave personnage :
L'illustre Vatout
A chanté partout
Qu'en fait de résidence,
Le meilleur logis,
Dans aucun pays,
Ne vaut *l'Écu de France.*

Je ne suis pas de cet avis,
Et prétends, au contraire,
Que c'est un infâme tandis,
Un ignoble repaire ;
Que de tous les lieux,
Le plus précieux,
Selon l'expérience,
C'est *le Puits d'Amour*
Qui doit à son tour
Primer *l'Écu de France.*

Pour confirmer ce que je dis,
Et produire une preuve,
Il faudrait, pour être précis,
Avoir tenté l'épreuve ;
Mais ce logement
Inspire, vraiment,
Si grande répugnance,
Que rien qu'à le voir,
On ne peut vouloir
Hanter *l'Ecu de France*.

Si, par hasard, on est séduit
Par certaine apparence,
On voit bientôt que ce réduit
N'est pas lieu de plaisance,
Sa funeste odeur
Démontre l'erreur
De cette inadvertance ;
On a tant d'émoi,
Qu'il faut, malgré soi,
Quitter *l'Ecu de France*.

Le Puits d'Amour est très-voisin
De cet hôtel immonde ;
Au centre est un charmant jardin
Qu'on admire à la ronde ;
De plus, il produit
Un excellent fruit
Provenant de semence.
Un tel argument
Fait, assurément,
Pâlir *l'Ecu de France*.

Plus on réside au *Puits d'Amour*,
Et plus on l'apprécie.
Chacun y mène, tour à tour,
Une joyeuse vie :
On a sous les yeux

Deux monts radieux,
C'est une jouissance
Que les voyageurs
N'ont jamais, d'ailleurs,
Devant *l'Ecu de France.*

Je sais qu'on ne doit discuter
Sur le goût de personne,
Je n'ai voulu que protester,
Rien là qui vous étonne ;
Mais si ces avis
Ont pour vous du prix,
Imitez ma prudence,
Entrez nuit et jour
Dans *le Puits d'Amour,*
Fuyez *l'Ecu de France !*

CONSEILS

DE MADAME LUCRÉCE ROULICHON,

VEUVE DE TROIS MARIS, A SON AMIE MADEMOISELLE PAMÉLA
DOUILLART, A LA VEILLE D'EN PRENDRE UN.

AIR : *Mon rapport est parfait* (Chanu)

Écoute bien cela,
Chèr' Paméla :
Tu vas tâter d' l'hymen
Après demain....
Il n'est, dans la nature,
Je t'assure,
Rien de plus ennuyeux
Que d' coucher deux.

Je sais bien qu'au commencement
Tu trouveras la chos' charmante,

Mais au bout de huit jours ou d' trente,
Tu penseras tout autrement....
    Écoute bien, etc.

Sur le point, comme t' es maint'nant,
De t' voir unie à ton Dodore,
Tu n' peux pas t' figurer encore
Tout ce qu'un homme a de r'poussant....
    Écoute bien, etc.

Ces gueux d'hommes semblent parfaits,
Tant qu'on les juge sur leur mise :
Ce n'est que quand ils sont en ch'mise
Qu'on voit c' qu'ils ont d'bon et d'mauvais..
    Écoute bien, etc.

En vous mettant au lit, souvent,
Vous vous qu'rellerez d'la bonn'manière,
Tu voudras lui donner l' derrière,
Il n' voudra pas céder l' devant....
    Écoute bien, etc,

Au plus léger mouv'ment qu' tu f'ras,
il s'écriera qu' tu prends trop d' place,
Qu'il n'a pas l' quart de la paillasse
Et qu' tu tir's à toi tous les draps....
    Écoute bien, etc.

Je l' suppos' dans la ruell'... c'est bien.
Tu crois pouvoir dormir tranquille,
Mais lui, pour t'échauffer la bile,
Va s' coucher en rond comme un chien....
    Écoute bien, etc.

Quand il se s'ra gratté l' talon,
Ou bien l' corps dans tout's les parties,
Il viendra t' fair' des cajol'ries
Et t' passer la main sous l' menton...
    Écoute bien, etc.

Rentrant plus d'un' fois à minuit,
Sur ses jamb's à peine solide,
L'estomac plein, la bourse vide,
Il s'ra mourant l' reste d' la nuit....
     Écoute bien, etc.

Sur le besoin d' fair' lit à part,
J' pourrais t' dire encor bien des choses;
Tu ne vois à présent qu' les roses,
Tu verras l'épine plus tard....
     Écoute bien cela,
       Chèr' Paméla,
    Tu vas tâter d' l'hymen,
      Après demain....
   Il n'est dans la nature,
     Je t'assure,
  Rien de plus ennuyeux
    Que d' coucher deux.

                 BERRUYER.

L'ANGUILLE

(Condamnée)

AIR *du Ménage de garçon.*

Un jour le père Boniface
Sur le carême allait prêcher ;
Par hasard, auprès de lui passe
Guillot qui venait de pêcher. *(bis)*
Le villageois offre au bon père
Une anguille, excellent morceau ;
Quoique près de monter en chaire } *(bis)*
Le moine accepte le cadeau.

Excité par la gourmandise,
Boniface n'a pas songé
Que tout le monde est à l'église ;

               10

Du poisson il reste chargé :
— Où diable mettre cette anguille ?...
Mais je trouve un moyen fort bon !
Et sous son ample souquenille
Il l'attache avec un cordon.

Il se montre enfin dans la chaire,
Croyant le poisson bien caché,
Il parle, il prend un ton sévère,
Dont tout l'auditoire est touché.
Bientôt l'anguille frétillante,
Qu'il n'avait pu bien enlacer,
Agite sa robe mouvante
Et donne beaucoup à penser.

D'abord, les mamans sont surprises ;
Les fillettes baissent les yeux ;
On rit ; le moine est dans les crises,
Mais voyant l'effet scandaleux,
Il relève sa houppelande
Et leur fait ainsi la leçon :
— Vous croyez que c'est de la viande ?
Non, mesdames, c'est du poisson.

E. DE PRADEL.

LA MARIÉE FOIREUSE

AIR : *Un Suiss' revenant de Versailles.*

Or, écoutez l'histoire affreuse,
Intéressante et douloureuse,
De la petite Margoton,
Qui, le jour de ses épousailles,
Eut une colique d'entrailles.
Elle chia dans ses jupons ;
Sa chemise et ses cotillons
Ne dégouttaient que de la foire

D'une couleur jaunâtre et noire,
Et l'odorat du spectateur
Était frappé de cette odeur.
    Deridera, la, la,
    Deridera, la, la.

En la conduisant à l'église,
La merde humectait sa chemise
Et lui battait sur ses bas blancs.
La pauvre fillette éperdue
Serrait le cul dedans la rue,
Mais il sortait de temps en temps
De petits grumelots gluants
Qui, coulant le long de sa cuisse,
Semblaient redoubler son supplice....
Elle eût donné plus d'un écu
Pour pouvoir se torcher le cul.
    Deridera, etc.

En arrivant au sanctuaire,
Le jus foireux de son derrière
A sortir était obstiné :
Aussitôt qu'elle s'agenouille,
De nouveau son anus se mouille ;
Les assistants sont étonnés ;
Le curé se bouche le nez,
Puis, réfléchissant dans sa tête,
Car ce n'était pas une bête,
Il s'imagina, tout de bon,
Qu'on avait chié dans le tronc.
    Deridera, etc.

Mais pendant la cérémonie
La pauvre Marguerite chie,
Ne pouvant plus se retenir.
Le curé, qui fait sa prière,
S'arrête et recule en arrière.
Quelqu'un lui dit au même instant :

— Curé, ne perdez pas de temps ;
Il ne faut pas que l'on en perde.
— Morbleu ! ceci sent trop la merde !
Du bran pris aux commodités
Ne nous eût pas plus infectés !
    Deridera, etc.

Pendant qu'on fait le mariage,
La Marguerite, en fille sage,
Passe une main sous son jupon,
Et par une épingle bien mise
En dada trousse sa chemise,
Puis met la merde en peloton
Au milieu de l'entre-fesson.
L'église sentait les latrines,
Chacun se bouchant les narines,
Reçut la bénédiction
Au milieu de l'infection.
    Deridera, etc.

Enfin, la pauvre mariée
S'en retourna tout embrenée,
Espérant changer au logis.
Mais le tendre époux qui la guette
Met un obstacle à sa toilette,
Puis, en la caressant, lui dit :
— Mon bonheur commence aujourd'hui.
Maintenant vous êtes ma femme,
Et je veux vous prouver ma flamme !
L'épingle saute au même instant :
Il est couvert de dévoiement.
    Deridera, etc.

— O juste ciel ! puis-je le croire !
Je suis tout inondé de foire ;
Cet aspect me rend furieux.
Jamais le trou du cul du diable
Ne produisit rien de semblable....

J'ai de la merde jusqu'aux yeux!
Sur mon honneur, j'aimerais mieux,
Dit-il d'une voix courroucée,
Épouser ma chaise-percée!
C'est un déluge d'excrément
Qui lui sort par le fondement...!
    Deridera, etc.

Enfin, des pieds jusqu'au visage,
C'est dans la merde qu'elle nage!
A peine on lui voyait le nez....
Si vous avez l'âme sensible,
La chose est vraiment trop pénible;
Ses appas étaient embrenés
Et de tous côtés emmerdés.
Filles, qui lisez cette histoire,
Si jamais vous avez la foire,
Il faut vous mettre prudemment
Un bouchon dans le fondement.
    Deridera, la, la,
    Deridera, la, la.

PATRAT.

LES PETITES BLANCHISSEUSES

Les petites blanchisseuses
Que l'on voit, chaque lundi,
Aux pratiques paresseuses
Porter le linge à midi,

Bien qu'elles fassent paraître
Des semblants de chasteté,
Ne me font pas l'effet d'être
Des vases de pureté.

Leurs cheveux qui s'ébouriffent,
Sollicitent l'attentat:
Ne craignez pas qu'elles griffent.
Une fille est un combat.

Elles ont des airs de sainte,
Et des cris dans un coup d'œil,
Avec leur bonnet de linge (!)
Et leur robe de cerfeuil.

Sur la hanche qui supporte
Un panier exagéré,
Leur jambe se fait plus forte,
Leur pied se fait moins cambré.

Jusqu'au coude, mainte essence
Rougit leur pauvre bras nu,
Mais plus haut le blanc commence
Et dès lors ne finit plus.

Pour un faux-col qu'on oublie,
Elles se baissent...; bientôt,
Sous la robe qui se plie,
La main se glisse — très-haut....

Et pour peu que, d'un air tendre,
On dirige un doigt savant,
On les voit se laisser prendre
Le derrière et le devant.

Dire que ces jolis diables
Ont — lâchons un trait hardi ! —
Quinze à vingt courses semblables
A faire chaque lundi !

CHARLES MONSELET.

PANDORE

OU LES DEUX GENDARMES

Le brigadier doit avoir l'accent gascon *et Pandore l'accent
alsacien.*

Deux gendarmes, un beau dimanche,
Chevauchaient le long d'un sentier ;

L'un portait la sardine blanche,
L'autre le jaune baudrier.
Le premier dit d'un ton sonore :
« — Le temps est beau pour la saison !
— Brigadier (répondit Pandore), ⎫
Brigadier, vous avez raison ! »   ⎭ *(bis)*

Phœbus, au bout de sa carrière,
Put encor les apercevoir ;
Le brigadier, de sa voix fière,
Troubla le silence du soir :
« — Vois, dit-il, le soleil qui dore
Les nuages à l'horizon !
— Brigadier, etc. »

« — Ah ! c'est un métier difficile,
Garantir la propriété ;
Défendre les champs et la ville
Du vol et de l'iniquité!
Pourtant, l'épouse qui m'adore
Repose seule à la maison.
— Brigadier, etc. »

« — Il me souvient de ma jeunesse :
Le temps passé ne revient pas....
J'avais une folle maîtresse
Pleine de mérite et d'appas ;
Mais le cœur.... pourquoi?... je l'ignore.
Aime à changer de garnison.
— Brigadier, etc. »

« — La gloire, c'est une couronne
Faite de rose et de laurier ;
J'ai servi Vénus et Bellone :
Je suis époux et brigadier.
Mais je poursuis ce météore
Qui vers Colchos guidait Jason.
— Brigadier, etc. »

Puis ils rêvèrent en silence ;
On n'entendit plus que le pas
Des chevaux marchant en cadence !
Le brigadier ne parlait pas.
Mais, quand revint la pâle aurore,
On entendit un vague son :
« — Brigadier, répondit Pandore,   } *(bis)*
Brigadier, vous avez raison ! »

GUSTAVE NADAUD

LES DEUX GENDARMES

AIR *de Pandore.*

Deux gendarmes, un beau dimanche,
S'astiquaient le long d'un sentier ;
L'un branlait une pine blanche
Et l'autre un vit de cordelier.
Le premier dit d'un ton sonore :
— Je veux t'enculer, mon garçon.
— Brigadier, répondit Pandore,
Brigadier, vous avez raison.

Phœbus, au bout de sa carrière,
Put les apercevoir tous deux,
Le brigadier dans le derrière
Agitant son membre nerveux.
— Vois, dit-il, moi je bande encore,
Quand tu rabaisses le croupion !
— Brigadier, répondit Pandore,
      (Un peu fatigué)
Briga...dier..., vous... a...vez... raison.

— Lorsque dans ton cul je tripote,
Ce n'est pas sans difficultés.
Je dois garantir ma culotte
D'une foule de saletés.
Pourtant, l'épouse qui m'adore

Se branle seule à la maison....
— Brigadier, répondit Pandore,
          (*Avec conviction*)
Brigadier, elle a bien raison !

— Il me souvient de mes prouesses :
J'ai fait plus d'un mari cocu ;
J'enfilais toujours mes maîtresses,
Soit par le con, soit par le cul.
Car mon vit, pourquoi ? je l'ignore,
Aime à changer de garnison....
— Brigadier, répondit Pandore,
          (*D'un ton flatteur*)
Brigadier, il a bien raison,

— Mes amours sont capricieuses :
Un cul rosé ne me plaît pas ;
Pour moi, tes deux fesses merdeuses
Ont plus de charmes et d'appas.
Je me fous de ce météore
Qui de pucelage a le nom !
— Brigadier, répondit Pandore,
(*Par complaisance, car il ne comprend pas cette figure*)
Brigadier, vous avez raison.

Puis il se fit un grand silence,
Et, dans son amoureux transport,
Le nez sur le cul qu'il encense,
Le brigadier tombe et s'endort.
Soudain, un bruit non inodore
Vient le tirer de pâmoison....
— Nom de Dieu ! vous pétez, Pandore !
— Brigadier, vous avez raison !
(*Répond Pandore en se bouchant le nez.*)
                              J. D. L. G.

LA FILLE DE PARTHENAY

Chanson tourangelle

A Parthenay t-il y avait
  Z'une tant belle fille,
Ell' 'tait jolie et l' savait ben,
  Mais elle aimait qu'on l'i dise,
    Voyez-vous !
J'aime lon la, lon landerirette,
J'aime lon la, lon landérira.

  Ell' 'tait jolie et l' savait ben,
    Elle aimait qu'on l'i dise :
  Un jour son galant vint la voir,
    Puis un baiser l'i prit,
      Voyez-vous, etc.

  Un jour son galant vint la voir,
    Puis un baiser l'i prise,
  Prenez-en iun, prenez-en deux,
    Passez-en vot' envie,
      Voyez-vous, etc.

Prenez-en iun, prenez-en deux,
    Passez-en vot' envie ;
Mais quand vous m'aurez bien bigée,
    Dam ! n'allez pas leu' zy dire,
      Voyez-vous, etc.

Mais quand vous m'aurez bien bigée,
    N'allez pas leu' zy dire,
Car si mon père il le savait,
    Il m'en coûterait la vie.
      Voyez-vous, etc.

Car si mon père il le savait,
  Il m'en coûterait la vie,
Quant à ma mère, ell' le sait ben,
  Mais elle ne fait qu'en rir',
    Voyez-vous, etc.

Ell' se rappell' ce qu'ell' faisait
  Du temps qu'elle était fille.
Dam ! ell' faisait tout comm' je fais :
  C'est qu' ça l'i f'sait plaisi'.
    Voyez-vous !
J'aime lon la, lon landerirette,
J'aime lon la, lon landérira.

RIEN N'EST SACRÉ POUR UN SAPEUR

Qu'un' pauv' servante a donc d' misère,
A l'égard de son sentiment,
Et qu'elle a d' mal à satisfaire
L'objet d' son doux attachement
Sans avoir du désagrément.
T'nez, pas plus tard qu'à l'instant même,
J' viens d'êtr' victim' de mon bon cœur.
Malgré qu' nous soyons en carême,
Rien n'est sacré pour un Sapeur !

Tout à l'heur' je r'çois la visite
De celui que j' dis mon cousin,
Et comm' de juste, je l'invite
A prendr' quéqu' chose, un verr' de vin ;
Mêm' que c'était du Chambertin.
Il m' dit : Ça se trouve à merveille,
J' vous obtempèr' cette faveur.
Et puis il lich' tout' la bouteille ;
Rien n'est sacré pour un Sapeur !

Or, comme il avait le vin tendre,
De force il voulut m'embrasser !

Je n' crus pas d'voir trop m'en défendre,
A seul' fin d' m'en débarrasser,
J' t'en fiche.... il voulut r'commencer....
Je dús subir la récidive,
Ce fut, hélas ! pour mon malheur.
J'eus beau lui dir' : V'là m'sieur qu' arrive,
Rien n'est sacré pour un Sapeur !

C' qui rend la chose plus fâcheuse,
C'est qu' monsieur, qui prend tout à r'bours,
S'est mis dans un' colère affreuse,
Et vient de m' donner mes huit jours,
C'est ainsi qu' ça finit toujours.
Vous n'auriez pas besoin d'un' bonne,
J' f'rai votre affair', parol' d'honneur ;
Car je n' recevrai plus personne,
Du moins ça n' s'ra pas un Sapeur.
Non, je n' recevrai plus personne,
Du moins, ça n'sera pas un Sapeur !

Louis Houssot.

RIEN N'EST SACRÉ POUR UN BANDEUR

PARODIE

Qu'un' pauvre femme a donc d' misère
Quand ell' travaille dans l'amour !
Et qu'elle a d' mal à satisfaire
L' michet d' la nuit, l' michet du jour,
Car les goûts changent tour à tour.
T'nez, pas plus tard qu' la nuit dernière,
L' michet voulut.... fi ! l'enculeur !
M' fourrer son vit dans le derrière :
Rien n'est sacré pour un bandeur !

Enculer une créature
Quand on a de si jolis cons !
C'est à fair' trembler la nature.

A faire fermer nos maisons....
Dieu! que les hommes sont cochons!
Celui qui vient d' quitter ma couche,
N' voulait-il pas, parol' d'honneur!
Me décharger tout dans la bouche;
Rien n'est sacré pour un bandeur!

J'ai pour client, je le confesse,
Un vieux qui ne peut décharger
Qu'avec une om'lett' sur la fesse,
Et je le fais souvent bander,
Car il financ', sans marchander.
Moi, je n'aime pas la gougnotte,
Mais lui n' peut jouir, ah! quel malheur!
Qu'en me voyant lécher un' motte
Rien n'est sacré pour un bandeur!

C'est un métier bien dur tout d' même:
Jamais un moment de repos!
Pour prouver à l'homme qu'on l'aime,
Il faut toujours êtr' sur le dos,
Que l'on soit bien ou mal dispos;
Mais pour gagner de gros salaires
On doit oublier la pudeur....
Et baiser avec ses affaires!
Rien n'est sacré pour un bandeur!

ÉMILE HEMERY

MA DISCULPATION

AIR *des Trois Couleurs, ou Laissez-moi compter sur l'avenir*

On m'accusa d'être par trop cynique,
Et de blesser la vertu, la pudeur.
Morbleu! messieurs, je trouve fort comique
Que de nos jours on se pose en censeur.
Je fus témoin de tant de turpitudes

Où la vertu dut servir de plastron,
Que, loin d'avoir de ces inquiétudes,
J'ai toujours craint d'être trop peu cochon. (*bis*)

Vaudrait-il mieux composer un cantique?
Mes chers amis, en toute humilité,
J'ose avancer que ma verve lubrique
Ne déplait pas à la divinité.
Du haut des cieux, s'il juge ma conduite,
Dieu doit se dire : Au fait, il a raison ;
S'il ne met pas ses doigts dans l'eau bénite,
Il est sincère et n'est pas trop cochon.

Vaudrait-il mieux être un vil hypocrite,
 Cacher mon jeu sous un masque trompeur,
Etre mielleux et faux comme un jésuite,
Baisser les yeux et jouer la pudeur ?
Vaudrait-il mieux être un pilier d'église,
Un plat cafard hantant chaque sermon ?
J'aime encor mieux un peu de paillardise,
Dût-on toujours me traiter de cochon.

Vaudrait-il mieux me comporter en cuistre,
Courber l'échine, et flatter le pouvoir,
Etre flatteur vis-à-vis d'un ministre,
Et lui donner, par le nez, l'encensoir ?
Vaudrait-il mieux vendre ma conscience,
Changer de peau, vilipender mon nom?
J'aime encor mieux mon genre de licence,
Dût-on toujours me traiter de cochon.

Vous prétendez m'obliger à me taire ;
Je me tairai, mais je suis convaincu
Que, de tout temps, l'on vit, dans le mystère,
L'ardeur des sens étouffer la vertu.
La bête est là ; grisette ou grande dame
En fait d'amour n'ont qu'un diapason,
Et, depuis Eve, on vit toujours la femme
Au vertueux préférer un cochon.

Je suis cochon, et je m'en glorifie,
Mais chacun l'est d'après son sentiment.
L'un est cochon et trahit sa patrie,
L'autre est cochon et fausse son serment.
Que de cochons sur les deux hémisphères !
Que de cochons un jour d'élections !
J'en ai tant vu parmi les Petits Frères,
Que, par vertu, j'aime mieux mes chansons !

Félix Bovie.

LA NUIT DES NOCES

Air : *Vive la lithographie !*

Maman, faut que j' vous raconte
Comm' mon mari s'est conduit ;
Il m'a fait mourir de honte
Pendant une parti' d' la nuit.
En s' mettant au lit, l' brutal
Saut' sur moi comm' sur un ch'val,
Et me dit, en m'étouffant,
Qu'il veut me faire un enfant !
Maman, jugez d' la bêtise
De ce bougre d' polisson :
Il me r'lève ma chemise
Et me prend l' cul sans façon ;
Puis il m'empoign' les tétons,
Et veut en mordr' les boutons !
Là-d'ssus, j' lui fous un soufflet
Qui l'étend sur le chevet !
Pour mettr' fin à ses caresses,
Je m' dépêch' de tourner l' dos ;
Mais j'sens qu'il m'frott' sur les fesses
Quelque chose d'assez gros.
Sur cet insolent paquet
Je lâche un vigoureux pet.
Mon mari, tout étonné,
D'abord se bouche le nez ;

Mais le malin, dans sa rage,
Ne se tient pas pour battu :
Il dit qu'il faut qu' mon puc'lage
Par l' dieu d'amour soit vaincu.
Il m'allong' près du croupion
Une espèc' de cornichon,
Et m' dit, en m' crevant l'anus,
Qu'il agit au nom d' Vénus.
Moi, sans fard, sans enveloppe,
J' lui dis : « Bougre de couillon,
Ta Vénus est un' salope,
Ton dieu d'amour un cochon ! »
Se voyant traité d' la sorte,
Il dit qu'il s'est trompé d' porte,
Et veut m' fourrer son outil
Dans un trou qu' j'ai sous l' nombril.
« Mais, finis donc, imbécile,
Sacré-nom-de-Dieu d' gredin !
Si tu n' me laiss's pas tranquille,
J' vas pisser sur ton machin ! »
Loin d' m'écouter, il s' trémousse ;
Au lieu de r'culer, il pousse :
J' ai beau gueuler et souffrir,
Il soutient qu' ça m' fait plaisir.
Mais c' machin s' change en lavette,
Grâce au pouvoir d' la vertu ;
J' m'en suis tirée quitte et nette
Avec un peu d' colle au cul !

S...

ANUS (*Vieille femme*)

Comme une redingotte anglaise
Où vingt pines ont déchargé,
Comme le vit d'un vieux qui baise.
Flotte son téton ravagé.

Comme la merde à la moustache
D'un rat qui dîne à Montfaucon,
Le foutre en verts grumeaux s'attache
Aux poils gris qui bordent son con.

Quinze couches, dis-sept véroles,
Ont couturé son ventre affreux,
Horrible amas de tripes molles,
Où d'ennui bâille un trou glaireux.

Pourtant on fout cette latrine...!
Ne vaudrait-il pas mieux cent fois
Moucher la morve de sa pine
Dans le mouchoir de ses cinq doigts ?

Théo. Gautier

LA GLOIRE

GLOIRE ! VICTOIRE !!
GUERRIERS ! LAURIERS !!
FRANCE ! VAILLANCE !!
FRANÇAIS ! SUCCÈS !!

Eh quoi ! toujours ce mot vide de sens : la Gloire !
Toujours les éternels lauriers,
Toujours la même rime aux mêmes mots : *Victoire,*
Français, succès, lauriers, guerriers !
Ah ! peuple de badauds ! folles bêtes et sottes,
Quand donc viendront les chiffonniers,
Pour mettre en même temps, dans le fond de leurs hottes,
Et leurs chiffons et vos lauriers !
Avez-vous assez bu de cette liqueur fade,
Assez sablé de ce vin bleu ?
Et, depuis deux mille ans, votre estomac malade
Ne s'en blase-t'il pas un peu ?
Il faudra donc toujours vous corner aux oreilles
Les fanfares et le clairon ;

Vous n'attendez donc pas de plus grandes merveilles
        Que le bruit des coups de canon?
Pacifiques crétins, bonnetiers débonnaires,
        Candides rentiers du Marais,
Il vous faut des dadas, avec des mirrrlitaires,
        Pour faire joujou, grands niais !
Il faut, pour amuser mesdames vos épouses,
        Ainsi que les sales voyous,
Et les bonnes d'enfants, et les marmots en blouses,
        Quatre cent mille tourlourous !
Et vous bêlez d'orgueil, — pauvres bêtes à laine! —
        Et tout en comptant le magot,
Vous vous chauffez la tête à la vieille rengaîne
        D'Austerlitz et de Marengo !
Allez ! vous êtes bien toujours la même race
        De bourgeois obtus et bouchés,
Ne vous apercevant du coup qui vous menace
        Que sous le couteau des bouchers;
Et tant qu'on n'aura pas avec ce mot: Victoire !
        Écorniflé vos derniers sous,
Qu'on ne vous aura pas bourrés, gavés de gloire,
        Jusques à vous en rendre saouls,
Jocrisses et jobards, dignes fils de la France,
        Vous serez toujours épatés
De voir marcher au pas des pantalons garance,
        Jusqu'à la ceinture crottés.
Vous n'aurez pour vos fils, engeance moutonnière,
        De plus mirifique idéal,
Que de leur voir traîner, d'une façon guerrière,
        Le coupe-choux du caporal !
Jamais rien ne pourra vous amollir le crâne
        Que les rauques sons du tambour.
L'éternel rataplan que font sur la peau d'âne
        Les héros à cinq sous par jour !
Vous vous gobergerez à ce bruit monotone,
        Qui perce vos tympans épais,
Et vous regarderez bêtement la Colonne...
        En restant fiers d'être Frrrrançais ! ! !

Ah! viendront-ils enfin ces jours doux et prospères,
    Ces jours bénis, où les enfants
Pourront se reposer des fatigues des pères,
    Au sein des loisirs triomphants?
Où l'on ne verra plus, au milieu de nos rues,
    Se dresser, d'un air menaçant,
Ces colonnes, ces arcs, ces bronzes, ces statues
    Faites de larmes et de sang?
Viendra-t-il l'Age d'Or promis, où le vieux monde,
    Croisant ses bras inoccupés,
Pourra chanter en cœur cette enfantine ronde:
« Nous n'irons plus au bois, les lauriers sont coupés! »

AMÉDÉE ROLLAND.

LA MORT, L'APPARITION ET LES OBSÈQUES
DU CAPITAINE MORPION (*)

Cent mille poux de forte taille,
Sur la motte ont livré bataille
A nombre égal de morpions
Portant écus et morions.
Transpercé, malgré sa cuirasse
Faite d'une écaille de crasse,
Le capitaine Morpion
Est tombé mort au bord du con.
Lorsque l'on voulut à la terre
Rendre sa dépouille dernière,
On ne retrouva plus son corps....
L'abîme ne rend pas les morts!

Un soir, au bord de la ravine,
Ruisselant de foutre et d'urine,
On vit un fantôme tout nu
A cheval sur un poil du cu.

(*) Cette poésie héroïque se chante sur la musique d'une marche fu-
èbre composée par M. Reyer pour le convoi du maréchal Gérard.

C'était l'ombre du capitaine
Dont la carcasse de vers pleine
Par défaut d'inhumation
Sentait le marolle et l'arpion.
Devant cette ombre qui murmure,
Étant privé de sépulture,
Tous les morpions font serment
De lui dresser un monument.

On l'a recouvert d'une toile
Où de l'honneur brille l'étoile.
Comme au convoi d'un général
Ou d'un garde national.
Son cheval à pied l'accompagne ;
Quatre morpions grands d'Espagne,
La larme à l'œil, l'écharpe au bras,
Tiennent les quatre coins du drap.
On lui bâtit un cénotaphe
Où l'on grava cette épitaphe :
« Ci-gît un morpion de cœur,
« Mort vaillamment au champ d'honneur. »

THÉOPH. GAUTIER.

FIN

TABLE

FIN DE LA TABLE

BIBLIOTHÈQUE LIBRE

LA SULTANE ROZRÉA

ET AUTRES CHANSONS CONTEMPORAINES

ACHEVÉ D'IMPRIMER

le 10 septembre 1871

www.ingramcontent.com/pod-product-compliance
Lightning Source LLC
LaVergne TN
LVHW010908200726